BLAUE SERIE *leicht gemacht* ®

Herausgeber:
Professor Dr. Hans-Dieter Schwind
Richter Dr. Peter-Helge Hauptmann

Einkommensteuer

leicht gemacht

übersichtlich – kurzweilig – einprägsam

4. überarbeitete Auflage

von
Annette Warsönke
Rechtsanwältin
Fachanwältin für Steuerrecht

Ewald v. Kleist Verlag, Berlin

Besuchen Sie uns im Internet:
www.leicht-gemacht.de

Autoren und Verlag freuen sich über Ihre Anregungen

Umwelthinweis: Dieses Buch
wurde auf chlorfrei gebleichtem Papier gedruckt
Gestaltung: Michael Haas, Joachim Ramminger, Berlin
Druck & Verarbeitung: Druckerei Siepmann GmbH, Hamburg
leicht gemacht® ist ein eingetragenes Warenzeichen

© 2019 Ewald v. Kleist Verlag, Berlin

Inhalt

I. Allgemeines

Lektion 1: Grundlagen und Aufbau des EStG 5
Lektion 2: Persönliche Steuerpflicht 7

II. Die Ermittlung der Steuer

Lektion 3: Sachliche Steuerpflicht und Steuerbefreiungen 13
Lektion 4: Verlustausgleich 21
Lektion 5: Sonderausgaben, außergewöhnliche Belastungen und Kinder 25
Lektion 6: Veranlagung, Tarif, Progression und Steuerermäßigungen 33

III. Die einzelnen Einkunftsarten

Lektion 7: Gewinneinkünfte 44
Lektion 8: Überschusseinkünfte. 52
Lektion 9: Sonderprobleme 69

IV. Einkunftsermittlung

Lektion 10: Grundsätze der Einkunftsermittlung bei Gewinneinkünften 85
Lektion 11: Grundsätze der Einkunftsermittlung bei Überschusseinkünften 99
Lektion 12: Weiteres zur Einkunftsermittlung. 105

V. Einkunftsbewertung

Lektion 13: Bewertungsgrundsätze 112
Lektion 14: Absetzungen für Abnutzung (AfA). 124

Sachregister. 134

Leitsätze * Übersichten

Übersicht	1	Steuersubjekt und Steuerpflicht	12
Übersicht	2	Steuerermittlung – gesetzliches Schema...........	13
Leitsatz	1	Katalogeinkünfte – Liebhaberei – Markteinkommen...	17
Übersicht	3	Steuerbefreiungen des § 3	20
Übersicht	4	Verlustausgleich...............................	24
Leitsatz	2	Sonderausgaben...............................	27
Leitsatz	3	Rangverhältnis bei außergewöhnlichen Belastungen .	30
Übersicht	5	Kinder	32
Übersicht	6	Veranlagung und Tarife	38
Leitsatz	4	Progressionsvorbehalt	40
Leitsatz	5	Haushaltsnahe Beschäftigung....................	42
Übersicht	7	Einkünfte aus Gewerbebetrieb	50
Leitsatz	6	Einkünfte aus selbständiger Arbeit................	51
Leitsatz	7	Einkünfte aus nichtselbständiger Arbeit............	53
Übersicht	8	Behandlung von Gewinnausschüttungen bei Beteiligungen an Kapitalgesellschaften	58
Leitsatz	8	Einkünfte aus Kapitalvermögen	59
Übersicht	9	Miethöhe und Werbungskostenabzug..............	62
Übersicht	10	Sonstige Einkünfte.............................	68
Leitsatz	9	Gewerblicher Grundstückshandel.................	71
Übersicht	11	Verdeckte Gewinnausschüttung (vGA)	75
Leitsatz	10	Personengesellschaften.........................	80
Leitsatz	11	Betriebsaufspaltung	82
Leitsatz	12	Erbfall	84
Übersicht	12	Gewinnermittlung § 2 Abs. 2 Satz 1 Nr. 1	86
Übersicht	13	Vermögensbereiche bei Wirtschaftsgütern	89
Leitsatz	13	Entnahmen und Einlagen........................	90
Leitsatz	14	Betriebsausgaben	97
Leitsatz	15	Totalgewinngleichheit von Bilanz und EÜR	98
Leitsatz	16	Überschussermittlung § 2 Abs. 2 Satz 1 Nr. 2......	100
Leitsatz	17	Besonderheiten bei Arbeitnehmern................	104
Leitsatz	18	Realisationsprinzip und Zuflussprinzip.............	108
Übersicht	14	Gemischte Aufwendungen	109
Leitsatz	19	Verträge unter Angehörigen......................	111
Übersicht	15	Bewertungsgrößen im Steuerrecht	115
Übersicht	16	Bewertungsansätze im Steuerrecht	120
Übersicht	17	Gebäude, Kosten und Aufwand	123
Übersicht	18	Abschreibungen im Steuerrecht	131

I. Allgemeines

Lektion 1: Grundlagen und Aufbau des EStG

Jedes Gesetz hat seinen Zweck, auch das Einkommensteuergesetz (EStG).

Das EStG stellt die „Spielregeln für die Einkommensbesteuerung" auf. Seine Kenntnis ist erforderlich, um Einkommensteuererklärungen richtig erstellen zu können und die Bescheide der Finanzämter zu prüfen.

Die folgenden Fälle stellen Ihnen Grundlagen des EStG vor, nämlich seinen Anwendungsbereich und den inhaltlichen Grobaufbau.

Fall 1
Als die Steuerpraktikantin P erfährt, dass sie sich die kommende Zeit mit dem „Einkommensteuergesetz" zu beschäftigen hat, fragt sie sich, was denn Ziel der Einkommensteuer ist.

Ziel der Einkommensteuer ist, den Steuerpflichtigen nach Maßgabe seiner objektiven Leistungsfähigkeit zu besteuern. Daher werden als Besteuerungsmaßstab ausschließlich Vermögensänderungen (Mehrungen- und Minderungen) erfasst.

Fallen hierunter auch die Lohnsteuer und die Kapitalertragsteuer oder sind dies „eigene" Steuerarten?

Lohnsteuer (§§ 38 ff.) und Kapitalertragsteuer (§§ 43 ff.) sind besondere Erhebungsformen der Einkommensteuer und keine „eigenen" Steuerarten. Sie sind als „Quellensteuer" jeweils Vorauszahlungen auf die Einkommensteuer.

Übrigens: Wenn in Zukunft in diesem Buch ein § ohne Gesetz zitiert wird, ist immer das EStG gemeint.

Fall 2
P beginnt nun im Inhaltsverzeichnis des EStG zu blättern, um eine erste Übersicht zu gewinnen. Warum tun Sie ihr es nicht gleich, denn nur

so werden Sie mit dem Gesetz vertraut. Welchen groben inhaltlichen Aufbau des EStG werden Sie und P hierbei vorfinden?

I.	Steuerpflicht	§§ 1 – 1a
II.	Einkommen	§§ 2 – 24b
III.	Veranlagung	§§ 25 – 28
IV.	Tarif	§§ 31 – 34b
V.	Steuerermäßigungen	§§ 34c – 35b
VI.	Steuererhebung	§§ 36 – 46
VII.	Steuerabzug bei Bauleistungen	§§ 48 – 48d
VIII.	Besteuerung beschränkt Steuerpflichtiger	§§ 49 – 50a
IX.	Sonstige Vorschriften, Bußgeld-, Ermächtigungs- und Schlussvorschriften	§§ 50b – 58
X.	Kindergeld	§§ 62 – 78
XI.	Altersvorsorgezulage	§§ 79 – 99
XII.	Förderbetrag zur betrieblichen Altersversorgung	§ 100

Das EStG kann man damit grob in folgende Bereiche untergliedern:

▶ Steuerpflicht: Wer ist Adressat des EStG? (§ 1 – 1a)

▶ Bemessungsgrundlage: Was wird besteuert? (§§ 2 – 24b; 33 – 33b)

▶ Veranlagung: Wie ist die Ermittlung durchzuführen? (§§ 25 – 28)

▶ Tarif: Wie hoch ist die Steuer festzusetzen? (§§ 31 – 35b)

▶ Sonstiges: Steuererhebung, beschränkte Steuerpflicht, Kindergeld, Altersvorsorgezulage, Förderbetrag zur betrieblichen Altersversorgung (§§ 36 – 100).

Hinweis: *Das Einkommensteuerrecht ist in Bezug auf Freibeträge, Pauschalen, Abschreibungen etc. immer im Wandel. Es ist daher bei der Bearbeitung von Fällen immer auch der aktuelle Gesetzestext nachzuschlagen. Üben Sie dies auch schon beim Durcharbeiten dieses Buches. So werden Sie mit dem Gesetz weiter vertraut!*

Lektion 2: Persönliche Steuerpflicht

Wichtigstes Kriterium ist, wer denn überhaupt steuerpflichtig ist, also die Frage nach der „persönlichen Steuerpflicht" (Steuersubjekt) und deren Umfang (unbeschränkt oder beschränkt). Die Problematik des Umfangs wird gerade auch in der Klausur immer häufiger, da aufgrund der EU und anderer Wirtschaftsabkommen vermehrt Fälle mit „Auslandsbezug" auftreten.

Steuersubjekt

Fall 3
Der Steuerpflichtige K, ein 42 Jahre alter Münchner, erzielt verschiedene Einkünfte und fragt sich, ob er mit diesen persönlich dem EStG unterliegt. Wie sieht es aus mit Einkünften der X-GmbH und der J-W-D OHG mit ihren Gesellschaftern J, W, und D?

Steuersubjekt des EStG ist, wer die in § 1 EStG und § 2 AStG (Außensteuergesetz) geregelten Voraussetzungen der persönlichen Steuerpflicht erfüllt.

Dies ist K als natürliche Person (§ 1 Abs. 1 Satz 1), nicht jedoch die GmbH als Kapitalgesellschaft (für sie gilt das Körperschaftsteuergesetz (KStG)). Übrigens: Grundlagen und Systematik des KStG finden Sie in „Körperschaftsteuer – *leicht gemacht*®" von Annette Warsönke.

Die J-W-D OHG erzielt als Personengesellschaft keine „eigenen" Einkünfte. Die Einkünfte werden zwar auf ihrer „Tätigkeitsebene" ermittelt, die Zurechnung erfolgt jedoch auf der „Gesellschafterebene". Somit werden den Gesellschaftern J, W und D die Einkünfte zugerechnet (entweder nach dem EStG oder dem Körperschaftsteuergesetz (KStG).

Wie das genau geht, erfahren Sie in Lektion 9 zum Thema „Personengesellschaften".

Unbeschränkte Steuerpflicht

Fall 4
Drei Freunde fragen sich, ob sie denn ihr „komplettes" in- und ausländisches Einkommen in Deutschland versteuern müssen: Der uns schon

bekannte K aus München und der in Italien eingesetzte deutsche Beamte R. Ferner der in Österreich lebende W, der nahezu alle seine Einkünfte (über 90%) in Deutschland (Nichtselbständige Arbeit und Vermietung und Verpachtung eines Grundstücks in Nürnberg) erzielt.

Wenn eine Person im Inland (Deutschland) entweder einen Wohnsitz (§ 8 AO) oder ihren gewöhnlichen Aufenthalt (§ 9 AO) hat, unterliegt nach § 1 Abs. 1 das Welteinkommen der Besteuerung in Deutschland.

K muss damit im Rahmen der unbeschränkten Steuerpflicht sämtliche Einkünfte (§ 2 Abs. 1) in Deutschland versteuern, egal, wo er sie erzielt.

Auch der deutsche Auslandsbeamte R, der in Deutschland weder einen Wohnsitz noch seinen gewöhnlichen Aufenthalt hat, ist grundsätzlich unbeschränkt steuerpflichtig. Dies gilt nur dann nicht, wenn die Einkünfte im Wohnsitzstaat (Italien) bereits unbeschränkt einer der deutschen Einkommensteuer ähnlichen Steuer unterliegen. Diese erweiterte unbeschränkte Steuerpflicht (§ 1 Abs. 2) gilt übrigens auch für deutsche Angestellte einer inländischen Körperschaft des öffentlichen Rechts.

W kann als sog. „Grenzpendler" auf Antrag als unbeschränkt steuerpflichtig behandelt werden, da er folgende Voraussetzungen erfüllt:

▶ Er lebt im Ausland, hat also weder Wohnsitz noch gewöhnlichen Aufenthalt in Deutschland,

▶ er erzielt inländische Einkünfte nach § 49 (deutschen Arbeitslohn, Vermietung inländisches Grundstück) und

▶ es unterliegen 90% der Einkünfte der deutschen Einkommensteuer – wäre dies nicht der Fall, eröffnet ihm das Gesetz noch eine Alternative („oder"): die nicht der deutschen Einkommensteuer unterliegenden Einkünfte übersteigen nicht den Grundfreibetrag nach § 32a Abs. 1 (9.168 €, bei Zusammenveranlagung 18.336 €).

Bei dieser fiktiven unbeschränkten Steuerpflicht (§ 1 Abs. 3) ist jedoch zu beachten, dass nicht das Welteinkommen besteuert wird, sondern nur die inländischen Einkünfte („.... soweit ...").

Wohnsitz – gewöhnlicher Aufenthalt

Fall 5
Student S (Studentenwohnheim), der Obdachlose O (Isarbrücke), der im Hotel wohnende H und der Strafgefangene J (JVA-Stadelheim) wollen wissen, wie es bei ihnen mit Wohnsitz bzw. gewöhnlichem Aufenthalt aussieht. Hat auch der im Ausland arbeitende und wohnende A noch einen Wohnsitz in Deutschland, wenn seine Ehefrau mit den Kindern in der ehelichen Wohnung in Deutschland verbleibt?

Der Wohnsitzbegriff nach § 8 AO entspricht nicht dem der §§ 7, 8 BGB. Maßgebend für den Wohnsitz sind vielmehr die tatsächlichen Verhältnisse.

- Wohnung ist eine objektiv zum Wohnen geeignete Räumlichkeit, somit die „Studentenbude" des S, ein möbliertes Zimmer, ein fest verankerter Wohnwagen, eine Gemeinschaftsunterkunft, nicht jedoch die Isarbrücke des O oder ein Zelt.

- Innehaben setzt voraus, dass die tatsächliche Verfügungsmacht besessen wird. Dies ist auch durch „Vermittlung" der Familie möglich, sodass A weiterhin eine Wohnung in Deutschland innehat. Die tatsächliche Verfügungsmacht besitzt dagegen nicht, wer wie H im Hotel oder bei Freunden wohnt.
  Wichtig ist in jedem Fall, dass die Umstände darauf schließen lassen, dass der Steuerpflichtige die Wohnung beibehalten und benutzen (regelmäßig aufsuchen) wird.

Zu beachten ist auch, dass ein Steuerpflichtiger mehrere Wohnsitze haben kann, so der A in Deutschland und im Ausland.

Bleibt uns noch der Strafgefangene J, welcher noch mindestens zwei Jahre in Stadelheim „residiert". Er hat dort keinen Wohnsitz begründet, da er nicht die tatsächliche Verfügungsmacht über „seine" Zelle besitzt.

Er hat jedoch seinen gewöhnlichen Aufenthalt (§ 9 AO) in Stadelheim, da er dort körperlich anwesend ist (Freiwilligkeit ist nicht notwendig, somit auch Strafgefangene, Kranke, etc.). Auch handelt es sich nicht um ein nur vorübergehendes Verweilen, da sein Aufenthalt tatsächlich länger als sechs Monate dauern wird – bzw. geplant ist („die darauf schließen lassen ...").

Wie Sie an dem vorliegenden Fall sehen können, ist damit immer erst der Wohnsitz (§ 8 AO) und nur, falls dieser nicht besteht, subsidiär der gewöhnliche Aufenthalt (§ 9 AO) zu prüfen.

Beschränkte Steuerpflicht

Fall 6

Der Franzose F hat weder Wohnsitz noch gewöhnlichen Aufenthalt in Deutschland. Er erzielt jedoch Einkünfte aus Gewerbebetrieb mit deutscher Betriebsstätte, aus jeweils in Deutschland ausgeübter selbständiger und nichtselbständiger Arbeit und aus Vermietung eines in Deutschland gelegenen Grundstücks. Wie wird F besteuert? Gibt es Besonderheiten z.B. bei Pauschalen und Freibeträgen? Was hat es mit der Quellensteuer auf sich?

Da F als natürliche Person ohne Wohnsitz oder gewöhnlichen Aufenthalt im Inland (Deutschland) inländische Einkünfte nach § 49 erzielt, ist er nach § 1 Abs. 4 beschränkt steuerpflichtig, wird also nur mit seinen inländischen Einkünften besteuert. Dies sind seine Einkünfte aus

▶ Gewerbebetrieb mit deutscher Betriebsstätte (§ 49 Abs. 1 Nr. 2 Buchstabe a)

▶ im Inland ausgeübter selbständiger Arbeit (§ 49 Abs. 1 Nr. 3)

▶ im Inland ausgeübter nichtselbständiger Arbeit (§ 49 Abs. 1 Nr. 4)

▶ Grundstücksvermietung von im Inland belegenen Grundstücken (§ 49 Abs. 1 Nr. 6).

Lesen Sie sich bitte, falls Ihnen in der Klausur eine ähnliche Person wie der F begegnet, den § 49 aufmerksam durch. Dort finden Sie sämtliche beschränkt steuerpflichtigen Einkünfte definiert.

Ferner sind für den beschränkt steuerpflichtigen F folgende Besonderheiten zu beachten:

▶ Grundsätzlich werden keine Pauschalen oder Freibeträge gewährt. Es erfolgt keine Berücksichtigung des Privatbereichs (z.B. Sonderausgaben, außergewöhnliche Belastungen) (§ 50 Abs. 1).

Für Grenzpendler, die Arbeitnehmer sind, gibt es jedoch Ausnahmen.

▶ Soweit eine Quellenbesteuerung (z.B. vom Arbeitslohn oder vom Kapitalertrag) erfolgt, gilt die Einkommensteuer mit dem Steuerabzug als abgegolten (§ 50 Abs. 2). Es erfolgt damit keine Veranlagung mit Steueranrechnung.

Es gibt jedoch insbesondere für Arbeitnehmer Ausnahmen.

▶ Eine erweiterte Quellenbesteuerung trifft insbes. folgende Einkünfte:

- Einkünfte, die durch im Inland ausgeübte künstlerische, sportliche, artistische, unterhaltende oder ähnliche Darbietungen erzielt werden, wenn diese nicht bereits dem Steuerabzug vom Arbeitslohn unterliegen (§ 50a Abs. 1 Nr. 1).

Steuerabzug 15% der Einnahmen, wenn die Einnahmen je Darbietung 250 € übersteigen (§ 50a Abs. 2).

- Einkünfte von Mitgliedern des Aufsichtsrats, Verwaltungsrates etc. für die Überwachung der Geschäftsführung (§ 50a Abs. 1 Nr. 4).

Steuerabzug 30% der Einnahmen (§ 50a Abs. 2).

Beachte: Vom Schuldner der Vergütung (z.B. Veranstalter, Gesellschaft) ersetzte oder übernommene Reisekosten gehören nur insoweit zu den Einnahmen, als die Fahrt- und Übernachtungsauslagen die tatsächlichen Kosten und die Vergütung für Verpflegungsmehraufwand die Pauschbeträge nach § 4 Abs. 5 Satz 1 Nr. 5 übersteigen (§ 50a Abs. 2 Satz 2).

▶ In § 2 AStG wird die beschränkte Steuerpflicht für Personen, die ihren Wohnsitz ins Ausland verlegt haben, unter bestimmten Voraussetzungen auf die Dauer von zehn Jahren erweitert. (Diese

Regelung trifft, wie regelmäßig den Schlagzeilen zu entnehmen ist, insbesondere Rennfahrer, Tennisspieler, Showmaster etc.).

Übersicht 1: Steuersubjekt und Steuerpflicht

Steuersubjekt	Natürliche Person
Steuerpflicht	Kriterien: – Wohnsitz § 8 AO – Gewöhnlicher Aufenthalt § 9 AO – Inländische Einkünfte
unbeschränkte Steuerpflicht § 1 Abs. 1	führt grds. zur Besteuerung des „Welteinkommens" (§ 2 Abs. 1)
erweiterte unbeschränkte Steuerpflicht § 1 Abs. 2	
fiktive unbeschränkte Steuerpflicht § 1 Abs. 3	führt grds. zur Besteuerung der inländischen Einkünfte (§ 49 Abs. 1)
beschränkte Steuerpflicht § 1 Abs. 4	
erweiterte beschränkte Steuerpflicht § 2 AStG	

II. Die Ermittlung der Steuer

Lektion 3: Sachliche Steuerpflicht und Steuerbefreiungen

Im Laufe der Lektüre des Buches werden Sie feststellen, dass die Ermittlung der Steuer einem ganz bestimmten Schema folgt. Dieses ist in § 2 vorgegeben.

Es sei bereits an dieser Stelle vorangestellt, damit Sie die Möglichkeit haben, die im Lauf des Buches dargestellten Besteuerungsschritte nachzuverfolgen und immer zu sehen, an welcher Stelle des Verfahrens Sie sich gerade befinden.

Hinweise für die Klausur:
Dieses Schema ist auch für Klausuren sehr hilfreich, da Sie anhand dessen den Sachverhalt „abarbeiten" können.
Wenn Sie in der Klausur die „Richtlinien" benutzen dürfen – bitte vorher mit Ihrem Prüfungsamt abklären –, finden Sie unter R 2 EStR das Schema des § 2 noch ausführlicher untergliedert.

Übersicht 2: Steuerermittlung – gesetzliches Schema

Einkünfte aus: Land- und Forstwirtschaft §§ 13 – 14a + Gewerbebetrieb §§ 15 – 17 + selbständiger Arbeit § 18 + nichtselbständiger Arbeit § 19 + Kapitalvermögen § 20 + Vermietung und Verpachtung § 21 + sonstige Einkünfte nach §§ 22 – 24 **= Summe der Einkünfte**	§ 2 Abs. 1 und 2
– Entlastungsbeträge §§ 24a, 24b **= Gesamtbetrag der Einkünfte**	§ 2 Abs. 3

– Verlust Vor- oder Rücktrag § 10d – Sonderausgaben §§ 10 – 10c – Außergewöhnliche Belastungen §§ 33 – 33b – „wie Sonderausgaben" §§ 10e – 10g **= Einkommen**	§ 2 Abs. 4
(– Kinderfreibeträge § 31, § 32 Abs. 6) **= zu versteuerndes Einkommen** Als Bemessungsgrundlage für den Tarif (§ 32a) § 32b und § 34 beachten	§ 2 Abs. 5
Tarifliche Einkommensteuer – ausländische Steuern § 34c Abs.1 – Parteispenden § 34g – Steuerermäßigung Gewerbebetrieb § 35 (+ gezahltes Kindergeld § 31) **= festzusetzende Einkommensteuer**	§ 2 Abs. 6
Festzusetzende Einkommensteuer – ESt-Vorauszahlungen – Lohnsteuer, Kapitalertragsteuer – Anrechenbare KSt **= Abschlusszahlung**	§ 36 Abs. 2

Welcher Einkunftstatbestand der Steuerpflicht unterliegt und welche sonstigen Voraussetzungen hierfür erfüllt werden müssen, regelt die sachliche Steuerpflicht. Auch gibt es zahlreiche Steuerbefreiungen, die zu beachten sind.

Steuerbare Einnahmen

 Fall 7

Der Steuerpflichtige K, welcher gerade über seiner Einkommensteuererklärung sitzt, fragt sich, ob denn das Finanzamt „alles, was ihm so zufließt" besteuern kann, oder ob es hierfür genaue Vorgaben hat. Wird auch die Wertsteigerung des von ihm eingesetzten Vermögens besteuert?

Steuerbar sind Einnahmen nur dann, wenn sie zu den „Katalogeinkünften" des § 2 Abs. 1 gehören. Dies sind:

Gewinneinkünfte:

▶ Nr. 1 Einkünfte aus Land- und Forstwirtschaft (§§ 13 – 14a)

▶ Nr. 2 Einkünfte aus Gewerbebetrieb (§§ 15 – 17)

▶ Nr. 3 Einkünfte aus selbständiger Arbeit (§ 18)

Überschusseinkünfte:

▶ Nr. 4 Einkünfte aus nichtselbständiger Arbeit (§ 19)

▶ Nr. 5 Einkünfte aus Kapitalvermögen (§ 20)

▶ Nr. 6 Einkünfte aus Vermietung und Verpachtung (§ 21)

▶ Nr. 7 sonstige Einkünfte (§§ 22 – 23)

sowie Entschädigungen, Nutzungsvergütungen etc. nach § 24.

Die einzelnen Einkunftsarten werden in Kapitel 3 behandelt.

Immer ist gemäß § 2 Abs. 2 zwischen Gewinn- und Überschusseinkünften zu unterscheiden:

Bei Gewinneinkünften (§§ 4 – 7k) sind Wertsteigerungen des dabei eingesetzten Vermögens (Betriebsvermögen) steuerbar, bei Überschusseinkünften (§§ 8 – 9a) (Privatvermögen) grds. nicht.

Einkünfteerzielungsabsicht und Beteiligung am allgemeinen wirtschaftlichen Verkehr

Fall 8
K hat von den Kriterien „keine Liebhaberei" und „Markteinkommen" als gemeinsame Merkmale aller Einkunftsarten gehört. Er fragt sich, ob

eventuelle Erlöse aus der Veräußerung von selbstgefertigten Schnitzereien darunter fallen – in dieses rein= ideelle Hobby hat er bei weitem mehr an Zeit und Material investiert als „unterm Strich" dabei herauskommt ... Und wie sieht es mit seinem Lottogewinn aus?

Das Merkmal der Einkünfteerzielungsabsicht („keine Liebhaberei") dient der Abgrenzung von Einkommenserzielung und Einkommensverwendung. Notwendig ist die Absicht, positive Einkünfte zu erzielen. Fehlt die Einkunftserzielungsabsicht, liegt „Liebhaberei" vor.

Im Fall von K's Schnitzereien ist der zweigliedrige Liebhabereibegriff zu prüfen:

▶ objektiv: Es ist eine Prognose darüber anzustellen, ob die Tätigkeit nach ihrer Wesensart und der Art und Weise ihrer Durchführung auf Dauer geeignet ist, positive Einkünfte zu erwirtschaften (Totalgewinnprognose). Dies ist bei K's Schnitzereien nicht der Fall.

▶ subjektiv: Hierbei ist bedeutsam, ob der K einen Totalgewinn oder -überschuss anstrebt. Auch hieran fehlt es.

Damit unterliegen die Erlöse aus den Schnitzereien nicht der Einkommensteuer.

Hinsichtlich des Lottogewinns ist zu fragen, ob eine Beteiligung am wirtschaftlichen Verkehr vorliegt, da nur das „Markteinkommen" (Leistung gegen Gegenleistung) besteuert wird. Wenn Geld- oder Sachzuflüsse ohne wirtschaftliche Gegenleistung erfolgen, fehlt es an einer Teilnahme am Leistungs- oder Güteraustausch.

Nicht nach dem EStG steuerbar sind deshalb:

▶ Spielgewinne (wie der von K), Erbschaften, Schenkungen (die beiden letzteren jedoch ggf. nach dem ErbStG)

▶ Eigenleistungen

▶ Schadensersatz, wenn Schäden des privaten Vermögensbereichs ersetzt werden

▶ Geldpreise für das Lebenswerk (z.B. Nobelpreis) – anders bei Preisen mit Zuschusscharakter im Rahmen allgemeiner Wettbewerbe (bayerischer Filmpreis, Architektenwettbewerb).

Leitsatz 1

Katalogeinkünfte – Liebhaberei – Markteinkommen

Steuerbar sind nur die **Katalogeinkünfte** (Gewinn- und Überschusseinkünfte) des § 2 Abs. 1.

Hinzukommen muss

▶ die „**Einkünfteerzielungsabsicht**" (Totalgewinnprognose)
  → andernfalls nicht steuerbare „Liebhaberei"
▶ eine „**Beteiligung am allgemeinen wirtschaftlichen Verkehr**"
  → sonst kein steuerbares Markteinkommen.

Steuerbefreiungen

Fall 9

Nachdem nun K alle für seine Einkommensteuererklärung relevanten steuerbaren Einkünfte herausgefunden hat, erinnert er sich, schon mal etwas über Steuerbefreiungen gehört zu haben.

Er hat im Laufe des Jahres verschiedene Leistungen erhalten und möchte von Ihnen wissen, ob diese den Steuerbefreiungen unterliegen. Bei den Leistungen handelt es sich im Einzelnen um Lohnersatzleistungen, öffentliche Beihilfen, Reisekosten- und Umzugskostenersatz, Einnahmen aus nebenberuflichen Tätigkeiten, Arbeitgeberzuschüsse, Einnahmen, die dem Teileinkünfteverfahren unterliegen, Trinkgelder, Wohngeld und den Arbeitgeberanteil zur Sozialversicherung.

In § 3 sind Einkünfte aufgeführt, die steuerfrei sind. Die Steuerfreiheit ist dabei wie folgt abgestuft:

▶ Unbegrenzt steuerfreie Einkünfte.

▶ Steuerfreie, aber dem Progressionsvorbehalt unterliegende Einkünfte. Der steuerfreie Betrag beeinflusst damit die Höhe des Steuersatzes.

▶ Steuerfreier Freibetrag. Dieser ist im EStG betragsmäßig in „€"
angegeben. Nur der über den Freibetrag hinausgehende Betrag
unterliegt der Einkommensteuer.

▶ Steuerfrei bis zum Höchstbetrag. Dieser ist im EStG nicht betragsmäßig angegeben, sondern es wird auf im Gesetz genannte
Kriterien Bezug genommen.

Die von K dargestellten Einkünfte sind wie folgt zu behandeln:

▶ Lohnersatzleistungen § 3 Nr. 1b – 2a: Hierunter fallen Arbeitslosengeld und vergleichbare Leistungen, Kurzarbeitergeld, Mutter-
schaftsgeld etc. Sie werden wie Nettolohn behandelt, unterliegen
aber dem Progressionsvorbehalt des § 32b.

Näheres zum Progressionsvorbehalt erfahren Sie in Fall 21

▶ Öffentliche Beihilfen § 3 Nr. 11 z.B. BaföG sind unbegrenzt steuerfrei.

▶ Reisekosten- und Umzugskostenersatz § 3 Nr. 13 (öffentliche
Arbeitgeber) und 16 (private Arbeitgeber) sind steuerfrei, es sind
jedoch für bestimmte Fälle Höchstbeträge zu beachten.

▶ Nebenberufliche Tätigkeiten § 3 Nr. 26 sind bis zu einem Freibetrag von jährlich 2.400 € steuerfrei.

Hieran knüpft das Gesetz jedoch strenge Voraussetzungen:

- es muss sich um eine qualifizierte Tätigkeit (pädagogisch, künst-
lerisch oder Pflege von Menschen) handeln

- die Tätigkeit muss ihrer Art nach nebenberuflich sein (wöchentliche Arbeitszeit maximal $1/3$ der regulären Arbeitszeit; ein Haupt-
beruf ist nicht notwendig)

- qualifizierter Empfänger der Arbeitsleistung, also eine juristische
Person des öffentlichen Rechts oder eine gemeinnützige, mildtätige
oder kirchliche Organisation.

▶ Arbeitgeberzuschüsse § 3 Nr. 30–34a, dies sind Werkzeuggeld, Arbeitskleidung, Jobticket (nicht: Ersatz für Autofahrten), Kinderbetreuung. Sie sind bis zu Höchstbeträgen steuerfrei.

▶ Einnahmen, die dem Teileinkünfteverfahren unterliegen § 3 Nr. 40 wie Dividenden einer Kapitalgesellschaft, Veräußerungsgewinne nach §§ 17, 23 (nur soweit Kapitalgesellschaften veräußert werden), Anteilsveräußerungen aus dem Betriebsvermögen (§ 16). Diese sind zu 40 % steuerfrei und zu 60 % steuerpflichtig.

▶ Trinkgelder § 3 Nr. 51 sind für Arbeitnehmer ohne Beschränkung steuerfrei.

▶ Wohngeld § 3 Nr. 58 nach dem Wohngeldgesetz ist unbegrenzt steuerfrei.

▶ Der Arbeitgeberanteil zur Sozialversicherung § 3 Nr. 62, nach SGB VI, z.B. Beitrag zur Rentenversicherung bei der BFA, ist unbegrenzt steuerfrei.

▶ Zuschläge für Sonntags-, Feiertags- und Nachtarbeit § 3b sind bis zu einem Höchstbetrag steuerfrei.

Ausgaben im Zusammenhang mit steuerfreien Einnahmen

Fall 10

K freut sich, hatte er doch im unmittelbaren Zusammenhang mit den steuerfreien Einnahmen zahlreiche Ausgaben. Er ist der Meinung, dass sich diese zusätzlich steuermindernd auswirken. Hat er damit Recht?

Hier irrt K. Nach § 3c Abs. 1 dürfen Ausgaben, soweit sie mit steuerfreien Einnahmen im unmittelbaren wirtschaftlichen Zusammenhang stehen, nicht als Betriebsausgaben oder Werbungskosten abgezogen werden. Aus dem von K beabsichtigten doppelten steuerlichen Vorteil wird also nichts.

K ist naturgemäß nicht sonderlich erfreut über diesen „Dämpfer". Dies vor allem auch deshalb, da er im Rahmen seiner Tätigkeit als nebenberuflicher Übungsleiter Ausgaben hatte, die den Freibetrag nach § 3 Nr. 26

(2.400 € EUR) deutlich übersteigen. Auch findet er es „ungerecht", dass er dann ja wohl auch für seine dem Teileinkünfteverfahren unterliegenden Kapitaleinkünfte keine Ausgaben ansetzen kann.

Hier sieht das Gesetz zu seinen Gunsten Ausnahmen vor.

▶ In § 3 Nr. 26 Satz 2 ist das Abzugsverbot für die genannten nebenberuflichen Tätigkeiten betragsmäßig auf den Freibetrag begrenzt. Ausgaben, die den Freibetrag übersteigen, sind damit in der „übersteigenden Höhe" abziehbar.

▶ In § 3c Abs. 2 ist das Abzugsverbot eines Teils (40%) der Aufwendungen im Rahmen des Teileinkünfteverfahrens geregelt, der übrige Teil (60%) ist jedoch abziehbar.

Übersicht 3: Steuerbefreiungen des § 3

steuerfrei, aber Progressionsvorbehalt (§ 32b)	Nr. 1b – 2a	Lohnersatzleistungen
Höchstbeträge	Nr. 12, 13, 16, 30 – 34a	Werbungskostenersatz
	§ 3b	Sondereinnahmen von Arbeitnehmern
Freibeträge	Nr. 26	
Unbegrenzt steuerfrei	Nr. 45, 46, 51	
	Nr. 1a, 11, 24, 44, 58	Transfer- und Versicherungsleistungen
	Nr. 62	Arbeitgeberbeiträge
	Nr. 29	Sonderfälle
zu **40%** steuerfrei zu **60%** steuerpflichtig	Nr. 40	Technisch bedingt (**Teileinkünfteverfahren**)

Beachten Sie das Abzugesverbot des § 3c für damit zusammenhängende Ausgaben

Lektion 4: Verlustausgleich

Die ermittelten Einkünfte sind zusammenzuzählen und bilden die „Summe der Einkünfte" (§ 2 Abs. 3). Im Folgenden erfahren Sie, wie Verluste mit Gewinnen und Überschüssen auszugleichen sind.

Verluste innerhalb eines Veranlagungszeitraums

Fall 11
K hat in 01 folgende Gewinne bzw. Verluste:
Gewinn aus Gewerbebetrieb (Betrieb 1) von 200.000 €
Verlust aus Gewerbebetrieb (Betrieb 2) von 110.000 €
Verlust aus Vermietung und Verpachtung von 40.000 €
Ferner hat er ausländische Verluste, Verluste aus gewerblicher Tierzucht und Termingeschäften, Verluste, die die Kommanditeinlage übersteigen, Verluste aus Steuerstundungsmodellen, Verluste aus sonstigen Einkünften sowie Verluste aus privaten Veräußerungsgeschäften.
Kann er diese „einfach miteinander verrechnen" oder hat er bestimmte gesetzliche Vorgaben zu beachten?

Der Gewinn aus Betrieb 1 (200.000 €) und der Verlust aus Betrieb 2 (110.000 €) sind beide im Rahmen derselben Einkunftsart (Einkünfte aus Gewerbebetrieb) entstanden. Der Verlust („negative Einkünfte") mindert deshalb die positiven Einkünfte aus dieser Einkunftsart (horizontaler Verlustausgleich).

200.000 €	Gewinn Betrieb 1
−110.000 €	Verlust Betrieb 2
90.000 €	Einkünfte aus Gewerbebetrieb

Es ergeben sich somit „positive" Einkünfte aus Gewerbebetrieb von insgesamt 90.000 €.

Der Verlust aus der Einkunftsart Vermietung und Verpachtung (40.000 €) mindert nunmehr die positiven Einkünfte aus der anderen Einkunftsart Gewerbebetrieb (90.000 €) (vertikaler Verlustausgleich).

90.000 €	positive Einkünfte aus Gewerbebetrieb
−40.000 €	Verlust aus Vermietung und Verpachtung
50.000 €	Summe der Einkünfte

Es bleibt damit eine positive Summe der Einkünfte von 50.000 € übrig.

Oben Gesagtes gilt jedoch nicht für die sonst noch von K erwirtschafteten Verluste. Diese unterliegen folgenden sektoriellen Beschränkungen:

▶ Ausländische Verluste aus Drittstaaten dürfen nur horizontal mit positiven Einkünften aus demselben Land ausgeglichen werden (§ 2a).

▶ Verluste aus gewerblicher Tierzucht oder Termingeschäften dürfen nur horizontal mit Gewinnen aus Tierzucht- oder Termingeschäften ausgeglichen werden (§ 15 Abs. 4).

▶ Verluste höher als die Kommanditeinlage dürfen nur mit zukünftigen Gewinnen desselben Betriebes verrechnet werden (§ 15a).

▶ Verluste aus Steuerstundungsmodellen dürfen nur horizontal mit Einkünften aus derselben Einkunftsquelle ausgeglichen werden (§ 15b).

▶ Verluste aus Kapitalvermögen dürfen nur horizontal mit Einkünften aus Kapitalvermögen ausgeglichen werden (§ 20 Abs. 6).

▶ Verluste aus sonstigen Einkünften dürfen nur horizontal mit sonstigen Einkünften ausgeglichen werden (§ 22 Nr. 3).

▶ Verluste aus privaten Veräußerungsgeschäften dürfen nur horizontal mit privaten Veräußerungsgeschäften ausgeglichen werden (§ 23 Abs. 3).

Übrigens: Fallbeispiele mit „zweistelligen Jahreszahlen" – beispielsweise „Einkünfte 01" – beziehen sich nicht auf ein konkretes Jahr, sondern die fiktiven Zahlen dienen lediglich der Übersichtlichkeit.

Verlustausgleich in andere Veranlagungszeiträume

Fall 12

K hat in 02 negative Einkünfte in Höhe von 80.000 €, die mangels ausreichender positiver Einkünfte im gleichen Jahr nicht in 02 ausgeglichen werden können. Sind diese negativen Einkünfte für K nunmehr steuerlich „verloren" oder kann er sie „anderweitig verwerten"?

K hat die Möglichkeit, die Verluste nach § 10d in anderen Veranlagungszeiträumen auszugleichen. Hierbei muss er wie folgt vorgehen:

▶ Verlustrücktrag in das vorangegangene Jahr, wobei dieser auf maximal 1 Million € (bzw. 2 Millionen € bei zusammen veranlagten Ehegatten/Lebenspartnern (§ 2 Abs. 8)) begrenzt ist. Verzicht auf den Verlustrücktrag ist ganz oder teilweise möglich (§ 10d Abs. 1).

▶ Verlustvortrag des noch nicht ausgeglichenen Betrages in die folgenden Jahre (§ 10d Abs. 2) bis 1 Million € (bzw. 2 Millionen € bei zusammen veranlagten Ehegatten/Lebenspartnern (§ 2 Abs. 8)) unbeschränkt, darüber hinaus nur bis 60% des Gesamtbetrages der Einkünfte. Der Verlustvortrag ist zwingend.

▶ Der Abzug der vor- und rückzutragenden Verluste hat immer vom Gesamtbetrag der Einkünfte vor allen weiteren Abzügen zu erfolgen (§ 10d Abs. 1 Satz 1 und Abs. 2 Satz 1).

▶ Über den verbleibenden Verlust ergeht jeweils eine „gesonderte Feststellung" (§ 10d Abs. 4).

Im Folgenden nun eine abschließende Übersicht zum Thema Verlustausgleich.

Übersicht 4: Verlustausgleich

Verlustausgleich im gleichen Veranlagungszeitraum	**Horizontaler Verlustausgleich**	Innerhalb derselben Einkunftsart
	Vertikaler Verlustausgleich	Mit anderen Einkunftsarten
Verlustausgleich in andere Veranlagungszeiträume	**Verlustrücktrag**	In vorangegangenen Veranlagungszeitraum (Wahlrecht) § 10d Abs. 1
	Verlustvortrag	In Folgejahre (zwingend) § 10d Abs. 2

Sektorielle Beschränkungen beachten!

Lektion 5: Sonderausgaben, außergewöhnliche Belastungen und Kinder

Sonderausgaben, außergewöhnliche Belastungen und Kinder sind grundsätzlich dem privaten Bereich zuzuordnen. In dieser Lektion erfahren Sie etwas über die wichtigsten Möglichkeiten einer steuerlichen Berücksichtigung.

Sonderausgaben

Fall 13

Der Steuerpflichtige G sitzt über seiner Einkommensteuererklärung. Als er beim Teilbereich „Sonderausgaben" ankommt, fragt er sich, was wohl darunter fällt. Können Sie ihm diese Frage beantworten?

Sonderausgaben mindern das Einkommen des Steuerpflichtigen (§ 2 Abs. 4). Die wichtigsten Gruppen sind Vorsorgeaufwendungen, Ausgaben, auf die das Realsplitting anwendbar ist und weitere Katalogausgaben.

G sichtet nun genauer seine „privaten" Belege und findet dabei „so einiges, was doch möglicherweise hierunter fallen könnte ...", beispielsweise seine diversen Versicherungen (Alter, Rente, Krankheit, Unfall, ...). In welche Gruppe sind diese von G einzuordnen?

Vorsorgeaufwendungen sind:

▶ G's Aufwendungen zur Basisversorgung (§ 10 Abs. 1 Nr. 2) und zur sonstigen Versorgung (§ 10 Abs. 1 Nr. 3 und 3a), für welche es jeweils getrennte Höchstbeträge gibt (§ 10 Abs. 3 bzw. Abs. 4).

▶ G's Riesterrente (§ 10a) als zusätzliche Altersvorsorge.

G zahlt regelmäßig Unterhalt an seine Exfrau E. Kann er auch diesen steuerlich „verwerten", wenn E „nichts dagegen" hat?

G kann im Rahmen des Realsplittings (§ 10 Abs. 1a Nr. 1)

▶ Unterhaltsleistungen

▶ an geschiedene oder dauernd getrennt lebende unbeschränkt steuerpflichtige Ehegatten (E)/Lebenspartner (§ 2 Abs. 8)

▶ mit Zustimmung des Empfängers (E)

bis zu 13.805 € als Sonderausgabe abziehen.

Dieser Höchstbetrag erhöht sich um den zur Absicherung der Versorgung nach § 10 Abs. 1 Nr. 3 aufgewandten Betrag.

Bei E entstehen dadurch steuerpflichtige Einkünfte in gleicher Höhe (nach § 22 Nr. 1a), weswegen auch von „Korrespondenzprinzip" gesprochen wird.

Neben den bisher genannten Ausgaben hat G auch noch Kirchensteuer gezahlt, sowie für gemeinnützige Zwecke gespendet und Parteibeiträge gezahlt. Wie kann er hieraus steuerliche Vorteile ziehen?

Bei den genannten Ausgaben handelt es sich um weitere Katalogausgaben:

▶ Die an eine steuererhebungsberechtigte Kirche gezahlte (§ 11 Abs. 2) Kirchensteuer ist, ebenso wie das Kirchgeld, als Sonderausgabe abziehbar (§ 10 Abs. 1 Nr. 4).

▶ Ausgaben (Spenden) für gemeinnützige, mildtätige oder kirchliche Zwecke können im Rahmen der gesetzlichen Höchstbeträge abgezogen werden (§ 10b Abs. 1).

▶ Parteibeiträge und Spenden für politische Parteien sind beschränkt abzugsfähig (§ 10b Abs. 2, § 34g).

Und was kann G machen, wenn die Ausgaben doch nicht so hoch waren, wie er dachte?

Wenn er keine oder nur sehr niedrige Aufwendungen hatte, kann er auch den Sonderausgaben-Pauschbetrag in Höhe von 36 € geltend machen (§ 10c).

Lektion 5: Sonderausgaben, außergewöhnliche Belastungen und Kinder

Wichtig für „Bildungshungrige und Wissensdurstige": Nach dem Motto „Bildung lohnt sich immer – auch steuerlich" überlegt G, was er für seine „Grauen Zellen" tun kann. Er möchte wissen, welche Möglichkeiten der steuerlichen Geltendmachung es gibt.

Im Rahmen der Aus- und Fortbildungskosten ist zu unterscheiden:

▶ Kosten zur Erlangung von Allgemeinwissen, Grundfertigkeiten und Kenntnissen, die der Ausübung eines Hobbys dienen, sind steuerlich nicht abziehbares „Privatvergnügen" (§ 12 Nr. 1).

▶ Kosten für die erstmalige Berufsausbildung oder ein Erststudium sind bis 6.000 € pro Kalenderjahr als Sonderausgaben abziehbar (§ 10 Abs. 1 Nr. 7) wenn sie nicht im Rahmen eines Dienstverhältnisses stattfinden.

▶ Die erstmalige Berufsausbildung endet mit dem Ausbildungsabschluss. Wer ein Studium abbricht und eine Lehre beginnt, befindet sich in der erstmaligen Berufsausbildung.

▶ Mit dem Ausbildungsabschluss sind alle nunmehr folgenden Ausbildungskosten unbeschränkt abziehbar.

▶ Andere Berufsaus- oder Fortbildungskosten sind als Betriebsausgaben oder Werbungskosten unbeschränkt abziehbar.

Leitsatz 2

Sonderausgaben

Sonderausgaben sind Aufwendungen, die die **persönliche Lebensführung** betreffen. Sie stehen nicht im wirtschaftlichen Zusammenhang mit den sieben Einkunftsarten des § 2 Abs. 1 und sind daher **weder Betriebsausgaben noch Werbungskosten**.

Sie sind nur unter den Voraussetzungen der §§ 10 – 10c vom Gesamtbetrag der Einkünfte abziehbar.

§ 10c gewährt einen **Sonderausgaben-Pauschbetrag**.

Außergewöhnliche Belastungen

▮▮▮ Fall 14

Nunmehr hat K noch Fragen zu Vorfällen, die sich im letzten Jahr ereignet haben. Ihm wurde seine wertvolle Uhr gestohlen und Ersatz von der Versicherung hat er mangels Beleg nicht erhalten. Ferner hat er einen Teil seiner Krankheitskosten von der Kasse nicht erstattet bekommen. K, der schon von „außergewöhnlichen Belastungen" gehört hat, möchte wissen, ob er die Vorfälle als solche geltend machen kann?

Außergewöhnliche Belastungen (§ 33 Abs. 1) liegen vor, wenn

▶ **bewusste und gewollte Aufwendungen**
also nicht bei Naturereignissen, Brand, Diebstahl, da der Steuerpflichtige hierauf keinen Einfluss hat

▶ **die außergewöhnlich sind**
also größer als für die überwiegenden Mehrzahl der Steuerpflichtigen gleicher Einkommens- und Vermögensverhältnisse und gleichen Familienstandes

▶ **zwangsläufig entstehen** (§ 33 Abs. 2)
= der Steuerpflichtige kann sich ihnen aus rechtlichen (z.B. Unterhalt), tatsächlichen (nicht erstattete Krankheitskosten) oder sittlichen Gründen nicht entziehen (zwangsläufig dem Grunde nach) und sie übersteigen nicht einen angemessenen Betrag (zwangsläufig der Höhe nach)

▶ **eine Belastung darstellen**
= Steuerpflichtiger erhält keinen marktgängigen Gegenwert dafür

Die Beträge der außergewöhnlichen Belastungen sind jedoch um die zumutbare Belastung (§ 33 Abs. 3) zu kürzen. Deren Höhe (zwischen 1% und 7%) ist abhängig vom Gesamtbetrag der Einkünfte, dem Tarif (§ 32a) und der Anzahl der Kinder.

Nur der Anteil, der darüber hinausgeht, wirkt sich als außergewöhnliche Belastung einkommensmindernd aus (§ 2 Abs. 4).

Lektion 5: Sonderausgaben, außergewöhnliche Belastungen und Kinder

Nunmehr möchte K noch wissen, ob das Gesetz selbst noch Fälle von außergewöhnlichen Belastungen nennt, bis zu welchem Höchstbetrag sie abziehbar sind und ob es gegebenenfalls Pauschalen gibt. Beantworten Sie seine Frage, indem Sie diese kurz aufzählen?

§ 33a nennt besondere Fälle der außergewöhnlichen Belastung, die vorrangig vor den außergewöhnlichen Belastungen nach § 33 sind (§ 33a Abs. 4). Es handelt sich hierbei um pauschalierte Beträge ohne Möglichkeit, höhere Aufwendungen nach § 33 zu berücksichtigen:

▶ Aufwendungen für den Unterhalt und die Berufsausbildung unterhaltsberechtigter Personen, für die niemand Anspruch auf Kindergeld oder einen Kinderfreibetrag hat bis zu einem Höchstbetrag von 9.168 € (§ 33a Abs. 1).

Dieser Höchstbetrag erhöht sich um den zur Absicherung der Versorgung nach § 10 Abs. 1 Nr. 3 (Krankenversicherung) aufgewandten Betrag, wenn dieser nicht bereits nach § 10 Abs. 1 Nr. 3 Satz 1 anzusetzen ist.

Sind jedoch im Kalenderjahr eigene Einkünfte des Kindes von mehr als 624 € oder Förderungen (z.B. BAFÖG) vorhanden, so vermindert sich insoweit der als außergewöhnliche Belastung abziehbare Betrag.

▶ Ausbildungssonderbedarf für volljährige, auswärts untergebrachte Kinder bis zu einem Höchstbetrag von 924 € (§ 33a Abs. 2).

Diese Beträge sind jeweils monatlich aufzugliedern (§ 33a Abs. 3).

§ 33b regelt besondere Pauschbeträge, jedoch mit der Möglichkeit, höhere Aufwendungen nach § 33 zu berücksichtigen (§ 33b Abs. 1 und 6):

▶ Behinderten-Pauschbetrag (§ 33b Abs. 1–3)

▶ Hinterbliebenen-Pauschbetrag (§ 33b Abs. 4)

▶ Pflege-Pauschbetrag (§ 33b Abs. 6).

Leitsatz 3

Rangverhältnis bei außergewöhnlichen Belastungen

Besondere Fälle der außergewöhnlichen Belastung (§ 33a) **gehen** außergewöhnlichen Belastungen nach § 33 **vor**.

Zwischen den **Pauschbeträgen** nach § 33b und den außergewöhnlichen Belastungen nach § 33 besteht ein **Wahlrecht**.

Steuerliche Behandlung von Kindern

Fall 15

M und V haben Kinder und möchten gerne wissen, ob sie ihren „Nachwuchs" irgendwie steuerlich verwerten können. Schauen Sie ins Gesetz und geben ihnen einen kurzen Überblick?

Für Kinder wird grundsätzlich Kindergeld (§§ 62 ff.) gezahlt:

- für das 1. und 2. Kind 194 € monatlich, ab 1.7.2019 204 €
- für das 3. Kind 200 € monatlich, ab 1.7.2019 210 €
- ab dem 4. Kind 225 € monatlich, ab 1.7.2019 235 € (§ 66)

Welches Kind im Einzelnen darunter fällt („Zählkind"), regelt § 32 Abs. 1 – 5:

Kinder sind

- im 1. Grad mit dem Steuerpflichtigen verwandte Kinder (§ 32 Abs. 1 Nr. 1)
- Pflegekinder (§ 32 Abs. 1 Nr. 2)

Kinder sind wie folgt zu berücksichtigen:

- Unter 18 Jahren: immer (§ 32 Abs. 3)
- Über 18 Jahren:

Lektion 5: Sonderausgaben, außergewöhnliche Belastungen und Kinder

- bis 21: wenn sie arbeitssuchend gemeldet sind (§ 32 Abs. 4 Satz 1 Nr. 1)

  Die Zeiten verlängern sich

  – bei geleistetem gesetzlichen Grundwehrdienst oder Zivildienst
  – bei freiwilligem Grundwehrdienst von nicht mehr als drei Jahren
  – bei Tätigkeit als Entwicklungshelfer

  höchstens für die Dauer des gesetzlichen Wehrdienstes / Zivildienstes

- bis 25: wenn (alternativ) folgende Merkmale vorliegen (§ 32 Abs. 4 Satz 1 Nr. 2)

  a) in Berufsausbildung
  b) Übergangszeit (bis zu 4 Monaten)
  c) kein Ausbildungsplatz
  d) freiwilliges soziales oder ökologisches Jahr, Freiwilligendienst

  Nach Abschluss einer erstmaligen Berufsausbildung oder eines Erststudiums jedoch nur, wenn das Kind keiner Erwerbstätigkeit nachgeht (§ 32 Abs. 4 Satz 2).

  Hierbei sind unschädlich (§ 32 Abs. 4 Satz 3):

  – eine Erwerbstätigkeit mit bis zu 20 Stunden wöchentlicher Arbeitszeit
  – ein Ausbildungsverhältnis
  – eine geringfügige Beschäftigung (450-Euro-Job)

- oder wenn sie wegen Behinderung außerstande sind, sich selbst zu unterhalten (§ 32 Abs. 4 Satz 1 Nr. 3)

Wird das Existenzminimum des Kindes jedoch besser durch den

▶ Kinderfreibetrag
(2.490 €, bei Zusammenveranlagung das Doppelte)

▶ sowie den Betreuungs-, Erziehungs- und Ausbildungsfreibetrag (1.320 €, bei Zusammenveranlagung das Doppelte)

(§ 32 Abs. 6) gedeckt, ist wie folgt zu verfahren:

▶ Die Freibeträge sind vom Einkommen abzuziehen (§ 32 Abs. 6)

▶ Die tarifliche Einkommensteuer ist um das Kindergeld zu erhöhen (§ 2 Abs. 6 Satz 3).

Weiterhin besteht die Möglichkeit der Geltendmachung von Kinderbetreuungskosten als Sonderausgaben (§ 10 Abs. 1 Nr. 5).

Abschließend sei noch auf den Entlastungsbetrag für Alleinerziehende (1.908 € im Kalenderjahr für ein „Zählkind", für jedes weitere „Zählkind" 240 € mehr) hingewiesen (§ 24b).

Hinweis: Diese Beträge werden, entsprechend der finanziellen und politischen Lage, vom Gesetzgeber immer wieder angepasst. Hier empfiehlt sich bei der Fallbearbeitung deshalb immer ein Blick ins Gesetz, damit Sie die aktuellen Werte haben.

Übersicht 5: Kinder

Zählkinder (§ 32 Abs. 1 – 5) erhalten		
Kindergeld (§§ 62 ff.)	oder	– **Kinderfreibetrag** – Betreuungsfreibetrag – Erziehungsfreibetrag – Ausbildungsfreibetrag § 32 Abs. 6
ggf. – Kinderbetreuungskosten (§ 10 Abs. 1 Nr. 5) – Entlastungsbetrag für Alleinerziehende (§ 24b)		

Lektion 6: Veranlagung, Tarif, Progression und Steuerermäßigungen

In dieser Lektion erfahren Sie Einzelheiten zu Veranlagung und Tarif sowie zu Progression und Steuerermäßigungen.

Veranlagungszeitraum

Fall 16
Der Steuerpflichtige K möchte „der Einfachheit halber" in seiner Einkommensteuererklärung mehrere Kalenderjahre „zusammenfassen". Ist das zulässig?

Nein, denn die Einkommensteuer ist eine Jahressteuer (§ 2 Abs. 7 Satz 1). Veranlagungszeitraum ist daher grundsätzlich das Kalenderjahr (§ 25 Abs. 1) bzw. das (evtl. abweichende) Wirtschaftsjahr (§ 4a).

Veranlagung und Tarif von Unverheirateten

Fall 17
Der ledige K möchte sich „aus steuerlichen Gründen" gerne mit seiner Freundin A „zusammen veranlagen lassen", da A weit weniger Einkünfte erzielt als K. Geht das – Helfen Sie K mit einem Blick ins Gesetz?

Das Veranlagungsverfahren dient der Steuerfestsetzung. Es ist in den §§ 25 ff. geregelt.

Da K nicht verheiratet ist, ist für ihn grundsätzlich nur die Veranlagung als Unverheirateter nach § 25 Abs. 1 zulässig. Erst nach einer Heirat mit A wäre die Ehegattenveranlagung §§ 26 – 26b möglich.

K hat im Zusammenhang mit der Veranlagung auch etwas von „Tarif" gehört und er fragt sich, welcher Tarif dann auf ihn anzuwenden ist.

Anhand des Tarifes berechnet sich, wie viel Steuer aufgrund des zu versteuernden Einkommens jeweils zu zahlen ist.

Auf K ist, da er nicht verheiratet ist, der Grundtarif anzuwenden.

Der Einkommensteuertarif nach § 32a Abs. 1 lässt sich in drei Zonen einteilen:

▶ Den Grundfreibetrag (bis 9.168 €), bis zu dem der Steuersatz bei 0 % liegt.

▶ Die Progressionszone, innerhalb derer der Steuersatz proportional ansteigt. Er beginnt mit einem Eingangssteuersatz von 14 %, ab 55.961 € beträgt der Steuersatz dann 42 %.

▶ Den Spitzensteuersatz (ab 265.327 €), ab welchem der maximale Steuersatz (von 45 %) anzuwenden ist (Reichensteuer).

Die Beträge und %-Zahlen sind dabei immer wieder Gegenstand der gesellschaftlichen Diskussion und werden deshalb regelmäßig an die politische „Großwetterlage" angepasst.

Sie können sich den Tarif auch wie eine Bergtour vorstellen:

▶ Am Anfang wandern Sie gemächlich auf einer Ebene ohne Steigung dahin (Grundfreibetrag).

▶ Nach Verlassen der Ebene beginnt die Steigung des Berges erst noch „harmlos" und nimmt dann, je weiter Sie nach oben kommen, immer mehr zu (Progressionszone).

▶ Schließlich sind Sie an einem Punkt angelangt, wo die Steigung nicht mehr zunimmt, sondern der Berg über eine lange Strecke gleich steil bleibt.

▶ Für extreme Bergsteiger gibt es dann ganz weit oben nochmals eine Steigerung (Spitzensteuersatz). Egal, wie hoch Sie danach noch steigen – steiler wird es dann nicht mehr.

Ehegatten-/Lebenspartnerveranlagung und Tarife

▰▰▰ Fall 18

M und F haben am 31.12.01 geheiratet. Welche Möglichkeiten haben sie für 01 im Hinblick auf die Veranlagungsform? Wie werden die verschiedenen Veranlagungsformen gehandhabt?

M und F haben in 01 eine rechtsgültige Ehe geschlossen. Sie sind beide unbeschränkt steuerpflichtig und in 01 nicht dauernd getrennt lebend. Da die genannten Voraussetzungen kumulativ an einem Tag im Veranlagungszeitraum 01 vorgelegen haben, haben M und F das Wahlrecht zwischen

▶ Zusammenveranlagung § 26b

▶ Einzelveranlagung § 26a

Die Zusammenveranlagung erfolgt, wenn beide Ehegatten die Zusammenveranlagung wählen (§ 26 Abs. 2 Satz 3) oder keine Wahl getroffen wird (§ 26 Abs. 3).

Die Zusammenveranlagung wird wie folgt durchgeführt:

▶ Die Einkünfte von F und M werden getrennt ermittelt.

▶ Die Summen der Einkünfte (§ 2 Abs. 1 und 2) werden zusammengerechnet.

▶ Beide Ehegatten werden für private Abzüge (insbes. Sonderausgaben, außergewöhnliche Belastungen, Kinderfreibetrag) (§ 2 Abs. 3 bis 5) wie „ein Steuerpflichtiger" behandelt (§ 26b).

▶ Hieraus ergibt sich ein gemeinsames zu versteuerndes Einkommen, hierauf wird dann das Splitting-Verfahren („Splitting-Tarif") angewendet (§ 32a Abs. 5).

▶ Beide Ehegatten haften gesamtschuldnerisch für die Steuer (§ 44 AO), jeder Ehegatte schuldet also grds. die gesamte Leistung.

Und wie funktioniert das Splitting-Verfahren und wann ist es zu empfehlen, wollen die Ehegatten wissen?

Bei der Anwendung des Splitting-Verfahrens nach § 32a Abs. 5 ist

▶ das zu versteuernde Einkommen zu halbieren

▶ auf das halbierte Einkommen der Grundtarif anzuwenden

▶ die so gewonnene Steuer wieder zu verdoppeln.

Das Splitting-Verfahren wirkt sich immer dann optimal aus, wenn nur ein Ehegatte Einkünfte erzielt. Es „verpufft" dagegen, wenn beide Ehegatten gleich hohe Einkünfte erzielen.

Und was hat es mit der Einzelveranlagung auf sich? Ist das dann das gleiche wie die Veranlagung von Unverheirateten, wollen F und M als nächstes wissen? Kann etwa jeder Ehegatte die Einzelveranlagung willkürlich wählen?

Die Einzelveranlagung (§ 26a) ist eine Sonderform der Ehegattenveranlagung.

Hierbei wird jeder Ehegatte gesondert veranlagt und versteuert seine eigenen Einkünfte.

Für Sonderausgaben und außergewöhnliche Belastungen gibt es eine besondere Berechnung mit der Möglichkeit der Aufteilung zwischen den Ehegatten (§ 26a Abs. 2).

Es ist der Grundtarif anzuwenden (§ 32a Abs. 1).

Aber Achtung: Wählt ein Ehegatte, nur um den anderen „zu ärgern", die Einzelveranlagung, ist diese rechtsmissbräuchliche Wahl unwirksam (also wie keine Wahl). Dies ist insbes. dann der Fall, wenn der beantragende Ehegatte keine eigenen Einkünfte hat oder sich wegen anzurechnender Beträge keine Steuer(erstattung) ergibt.

Hinweis: *Die Fälle in diesem Bereich nennen zwar Beispiele von Ehegatten. Die dort gemachten rechtlichen Ausführungen gelten jedoch auch für eingetragene gleichgeschlechtliche Lebenspartnerschaften (§ 2 Abs. 8). Zwar gilt ab 2017 die „Ehe für alle" – bis dahin eingetragene Lebenspartnerschaften bleiben jedoch weiter bestehen, wenn sie nicht nach § 20a LPartG in eine Ehe umgewandelt werden.*

Betrogenensplitting

Fall 19

Für E und G lagen im Jahr ihrer Scheidung in 01 die Voraussetzungen der Zusammenveranlagung vor. E hat nach ihrer Scheidung von G noch nicht wieder geheiratet. G hat mit seiner neuen Ehefrau B, die er in 01 geheiratet hat, Zusammenveranlagung gewählt. E interessiert, ob es auch für sie als Geschiedene die Möglichkeit gib, in 01 nochmals in den Genuss des Splitting-Verfahrens zu kommen?

Voraussetzung für das Splitting nach Auflösung der Ehe (§ 32a Abs. 6 Satz 1 Nr. 2) ist, dass

- ▶ eine Ehe (E mit G), für die die Voraussetzungen der Zusammenveranlagung (§ 26 Abs. 1 Satz 1) vorgelegen haben, im Veranlagungszeitraum aufgelöst worden ist (durch Scheidung, Aufhebung, Nichtigkeitserklärung)

- ▶ der geschiedene (G) oder überlebende Ehegatte im Veranlagungszeitraum wieder geheiratet hat und mit dem neuen Partner (B) ebenfalls die Voraussetzungen der Zusammenveranlagung (§ 26 Abs. 1 Satz 1) erfüllt.

- ▶ Des Weiteren darf für E kein Fall der Einzelveranlagung von Ehegatten (§§ 26, 26a) vorliegen (§ 32a Abs. 6 Satz 2).

Da dies der Fall war, ist das Splitting-Verfahren für das zu versteuernde Einkommen des verlassenen („Betrogenensplitting") Ehegatten E anzuwenden.

Nicht möglich ist dagegen eine Ehegattenveranlagung für die alte Ehe („E mit G"), weil diese nach § 26 Abs. 1 Satz 2 wegen der Wiederheirat des G und der von G und B gewählten Zusammenveranlagung unberücksichtigt bleibt.

Verwitwetensplitting

■■■ Fall 20

W's erste Frau T ist im Jahr 01 gestorben, für W und T lagen im Todesjahr die Voraussetzung der Zusammenveranlagung vor. W interessiert sich deshalb genauer für das Verwitwetensplitting. Was sind die Voraussetzungen? Wie funktioniert es? In welchem Jahr ist es anwendbar?

Voraussetzung für das Verwitwetensplitting ist, dass

▶ der Ehegatte (T) des Steuerpflichtigen (W) im Vorjahr verstorben ist

▶ zum Todeszeitpunkt hinsichtlich der früheren Ehe (W mit T) die Voraussetzungen der Zusammenveranlagung (§ 26 Abs. 1 Satz 1) vorlagen.

▶ Des Weiteren darf für W kein Fall der Einzelveranlagung von Ehegatten (§§ 26, 26a) vorliegen (§ 32a Abs. 6 Satz 2).

Da dies der Fall war, ist für das zu versteuernde Einkommen des überlebenden Ehegatten W (auch) im Folgejahr (02) das Splitting-Verfahren anwendbar (§ 32a Abs. 6 Satz 1 Nr. 1).

Für das Todesjahr (01) ist das Splitting-Verfahren ja schon deshalb anwendbar, weil dort für W mit der verstorbenen T „an einem Tag" die Voraussetzungen des § 26 Abs. 1 Satz 1 kumulativ bestanden haben.

■ Übersicht 6: Veranlagung und Tarife

Einkommensteuertarife	
Grundtarif § 32a Abs. 1	**Splittingtarif** § 32a Abs. 5
anzuwenden bei	
– Unverheirateten/ Nichtverpartnerten § 25 – Einzelveranlagung von Ehegatten/ Lebenspartnern (§ 2 Abs. 8) § 26a	– Zusammenveranlagten Ehegatten/Lebenspartnern § 26b – Betrogenensplitting § 32a Abs. 6 – Verwitwetensplitting § 32a Abs. 6

Progressionsvorbehalt

Fall 21

Der verheiratete H hat in 01 ein zu versteuerndes Einkommen von 20.000 €. Ferner hat er Arbeitslosengeld in Höhe von 5.000 € erhalten. Seine Ehefrau M hatte keine eigenen Einkünfte.
Nach allem, was H über Veranlagung, Tarif und Progression gehört hat, freut er sich, dass wenigstens seine steuerfreien Einnahmen (Arbeitslosengeld) unberücksichtigt bleiben. Zu Recht?

H's Freude ist hier leider nicht berechtigt. Nach § 32b sind

▶ bestimmte **steuerfreie Lohnersatzleistungen** (§ 32b Abs. 1 Satz 1 Nr. 1)

▶ bestimmte **ausländische Einkünfte** (§ 32b Abs. 1 Satz 1 Nr. 2 – 5)

zur Ermittlung des Steuersatzes dem zu versteuernden Einkommen (§ 2 Abs. 5) hinzuzurechnen.

Auf die nicht steuerfreien Einkünfte/Einnahmen ist dann ein **besonderer Steuersatz** (§ 32b Abs. 2) anzuwenden.

Für H ist deshalb folgende Rechnung aufzustellen:

20.000 €	zu versteuerndes Einkommen (§ 2 Abs. 5, § 32a Abs. 1)
+ 5.000 €	Arbeitslosengeld (§ 3 Nr. 2, § 32b Abs. 1 Nr. 1a)
25.000 €	für die Berechnung des Steuersatzes maßgebendes zu versteuerndes Einkommen

Dies ergibt Steuer nach Splittingtarif: 1.150 €

Hieraus (1.150 × 100/25.000) errechnet sich ein besonderer Steuersatz von 4,6% (§ 32b Abs. 2).

Die Anwendung des besonderen Steuersatzes (4,6%) auf das zu versteuernde Einkommen (20.000 €) ergibt eine Steuer von 920 €.

Ohne Progressionsvorbehalt hätte H für die 20.000 € bei einem Steuersatz von 1,23% nur eine Steuer von 246 € zahlen müssen.

Dies bedeutet für H im Ergebnis eine Mehrbelastung durch den Progressionsvorbehalt von 674 €.

Und was, fragt sich der aufgrund dieser Mehrbelastung erboste H, bringt ihm dann eigentlich die Steuerfreiheit „seines" Arbeitslosengeldes?

Wäre das Arbeitslosengeld nicht steuerfrei gewesen, hätte H für sein zu versteuerndes Einkommen von dann 25.000 € dann 1.150 € Steuern zahlen müssen.

Leitsatz 4

Progressionsvorbehalt

Steuerfreie Einnahmen/Einkünfte unterliegen in bestimmten Fällen dem Progressionsvorbehalt. (§ 32b).

Sie **bleiben steuerfrei**, haben jedoch **Einfluss auf den Steuersatz** der steuerpflichtigen Einnahmen/Einkünfte.

Steuerermäßigungen

Fall 22

Der steuerpflichtige K hat in seinem privaten Haus Renovierungsarbeiten durchführen lassen. Die Handwerker haben ihm hierfür 10.000 € in Rechnung gestellt, wobei 3.000 € auf Material und 7.000 € auf Arbeitsleistungen entfallen.
Ferner holt er hin und wieder einen Gärtner, welcher von ihm im Jahr 2.400 € erhält.
Die Zahlungen erfolgen jeweils auf Rechnung der Leistungserbringer, das Geld wird von K überwiesen.
Für seine wöchentliche „grobe" Hauspflege beschäftigt er noch eine ordnungsgemäß gemeldete Zugehfrau als geringfügig Beschäftigte (Minijob), welche von ihm 400 € monatlich überwiesen erhält.
Desweiteren beschäftigt er noch eine „Hausdame" im Rahmen eines sozialversicherungspflichtigen Beschäftigungsverhältnisses, welche ihr Entgelt ebenfalls überwiesen erhält.
Da K etwas von haushaltsnahen Dienstleistungen und Beschäftigungsverhältnissen gehört hat, möchte er von Ihnen gerne wissen, ob er die genannten Arbeiten steuermindernd geltend machen kann?

Lektion 6: Veranlagung, Tarif, Progression und Steuerermäßigungen

Es darf sich bei den privaten Ausgaben nicht um

- Betriebsausgaben (§ 4) oder Werbungskosten (§ 9),
- Sonderausgaben (§§ 10 ff.), dies betrifft auch Kinderbetreuungskosten, die höher als 6.000 € sind,
- berücksichtigungsfähige außergewöhnliche Belastungen (§§ 33, 33a)

handeln (§ 35a Abs. 5).

Dann besteht grundsätzlich die Möglichkeit, auf Antrag die Ausgaben – zum Teil – als Steuerermäßigung geltend zu machen, wenn die Voraussetzungen hierfür vorliegen (§ 35a Abs. 1):

Die Zugehfrau wird im Rahmen eines ordnungsgemäßen geringfügigen haushaltsnahen Beschäftigungsverhältnisses (§ 8a SGB IV) beschäftigt und erhält ihr Geld von K per Überweisung.

K's tarifliche Einkommensteuer ermäßigt sich damit auf Antrag um 20 %, höchstens jedoch um 510 € im Jahr (§ 35a Abs. 1 Satz 1).

Die Hausdame wird im Rahmen eines ordnungsgemäßen sozialversicherungspflichtigen haushaltsnahen Beschäftigungsverhältnisses per Banküberweisung gezahlt.

K's tarifliche Einkommensteuer ermäßigt sich damit auf Antrag um 20 %, höchstens jedoch um 4.000 € im Jahr (§ 35a Abs. 2)

Der Gärtner erbringt eine „allgemeine" haushaltsnahe Dienstleistung (§ 35a Abs. 2). Die Leistung des Gärtners erfolgte auf Rechnung, das Geld wurde von K überwiesen.

Die Steuer des K ermäßigt sich damit auf Antrag um 20 %, höchstens jedoch um 4.000 € im Jahr. Hier damit um 20 % von 2.400 € = 480 €.

Der Handwerker erbringt eine Handwerkerleistung (§ 35a Abs. 3). Hierfür hat K auf die Rechnung des Handwerkers 3.000 € für Material und 7.000 € für die Arbeitsleistung überwiesen.

K kann damit von den Kosten für die Arbeitsleistung – nicht jedoch für das Material – auf Antrag 20%, höchstens jedoch 1.200 € im Jahr an Steuerermäßigung geltend machen. Hier damit um 20% von 7.000 € = 1.400 €, höchstens 1.200 €.

Da es sich bei den von K in Anspruch genommenen Dienstleistungen um verschiedene Dienstleistungen im Sinne des § 35a handelt, können diese auch kumulativ in Anspruch genommen werden.

K's Bekannte C, die mit ihrer pflegebedürftigen Schwester in häuslicher Gemeinschaft lebt und deren Pflegerin bzw. das Pflegeheim finanziert, möchte wissen, ob sie die Aufwendungen von 24.000 € jährlich auch als Steuerermäßigung geltend machen kann.

Bei Pflege- und Betreuungsleistungen können 20% der Aufwendungen, die mit denen einer Hilfe im Haushalt vergleichbar sind, höchstens jedoch 4.000 € geltend gemacht werden (§ 35a Abs. 2).

C kann somit 20% von 24.000 € = 4.800 €, jedoch höchstens 4.000 € auf Antrag steuermindernd geltend machen.

Hinweis: *Die %-Sätze und Beträge können, entsprechend der finanziellen und politischen Lage, vom Gesetzgeber angepasst werden. Hier empfiehlt sich deshalb bei der Fallbearbeitung immer ein Blick ins Gesetz, damit Sie die aktuellen Werte haben.*

Leitsatz 5

Haushaltsnahe Beschäftigung

Haushaltsnahe Beschäftigungsverhältnisse und Dienstleistungen

Haushaltsnahe Dienstleistungen und haushaltsnahe Beschäftigungsverhältnisse können sich – bis zu **Höchstbeträgen – steuermindernd** auswirken. Dies jedoch nur dann, wenn die Aufwendungen insbes. **nicht** als **Betriebsausgaben, Werbungskosten, Sonderausgaben** einschl. **Kinderbetreuungskosten** oder **außergewöhnliche Belastungen** abziehbar sind.

Weitere Voraussetzungen sind **ordnungsgemäße Abrechnung** und **Zahlung durch Überweisung**.

Fall 23

K bittet Sie abschließend noch um eine stichwortartige Aufzählung weiterer wichtiger Steuerermäßigungen.
Welche werden Sie nennen?

Das Gesetz kennt Steuerermäßigungen (§ 2 Abs. 6) bei:

▶ Außerordentlichen Einkünften durch Anwendung der Fünftelregelung (§ 34 Abs. 1) oder des halben Steuersatzes (§ 34 Abs. 3).

▶ Ausländischen Einkünften (§ 34d) durch Anrechnung der Steuer auf die ausländischen Einkünfte auf die deutsche Einkommensteuer bei Doppelbelastung (§ 34c).

▶ Parteispenden und Mitgliedsbeiträgen an politische Parteien (§ 34g).

▶ Einkünften aus Gewerbebetrieb durch pauschalierte Anrechnung der Gewerbesteuer (§ 35).

III. Die einzelnen Einkunftsarten

Dieses Kapitel befasst sich ausführlich mit dem Thema „Einkünfte". Wie schon in Fall 7 geschildert, erfolgt in § 2 Abs. 2 eine Einteilung in Gewinn- und Überschusseinkünfte. Im Folgenden werden Ihnen die einzelnen Einkunftsarten vorgestellt.

Lektion 7: Gewinneinkünfte

Zu den Gewinneinkünften (§ 2 Abs. 2 Satz 1 Nr. 1) zählen die Einkünfte aus Land- und Forstwirtschaft, aus Gewerbebetrieb und aus selbständiger Arbeit.

Einkünfte aus Land- und Forstwirtschaft (§ 2 Abs. 1 Satz 1 Nr. 1, §§ 13 – 14a)

Fall 24
Land- und Forstwirt L möchte wissen, wie die von ihm erwirtschafteten Einkünfte zu qualifizieren sind. Gibt es für seinen Betrieb spezielle Vorschriften?

Die Einkünfte aus Land- und Forstwirtschaft werden nach den §§ 13 – 14a behandelt, da derartige Betriebe naturgemäß anderen Gegebenheiten unterliegen als „normale" Gewerbebetriebe.

In § 13 finden Sie eine ausführliche Aufzählung, was Einkünfte aus Land- und Forstwirtschaft sind, in § 13a wird die – vereinfachte – Gewinnermittlung nach Durchschnittssätzen geregelt.

In Klausuren – und auch in der mündlichen Prüfung – wird das Thema Land- und Forstwirtschaft erfahrungsgemäß – wenn überhaupt – am Rande behandelt, sodass hier auf eine genauere Darstellung dieses Spezialgebietes verzichtet wird.

Einkünfte aus Gewerbebetrieb (§ 2 Abs. 1 Satz 1 Nr. 2, §§ 15–17)

Einkünfte aus Gewerbebetrieb sind solche nach § 15, ferner gehören hierzu Gewinne aus Betriebsveräußerung (§ 16) und aus der Veräußerung von Anteilen an Kapitalgesellschaften (§ 17).

Einkünfte aus Gewerbebetrieb (§ 2 Abs. 1 Satz 1 Nr. 2, § 15)

Fall 25
Der steuerpflichtige K betreibt seit längerem eine Autowerkstatt, welche „ordentlich Gewinn abwirft". Erzielt er Einkünfte aus Gewerbebetrieb?

Eine Legaldefinition des Gewerbebetriebes aus vier positiven und zwei negativen Kriterien findet sich in § 15 Abs. 2:

▶ Selbständige Tätigkeit: erfordert Tätigkeit „auf eigene Rechnung" (Unternehmerrisiko) und „auf eigene Verantwortung" (Unternehmerinitiative).
  Abzugrenzen von: nichtselbständiger Arbeit (§ 19)

▶ Nachhaltigkeit: grds. mehrmaliges Handeln notwendig, es genügt jedoch auch einmaliges Handeln mit Wiederholungsabsicht.
  Abzugrenzen von: gelegentlichem Handeln (§ 22 Nr. 3)

▶ Gewinnerzielungsabsicht: Streben nach Betriebsvermögensmehrung in Gestalt eines Totalgewinns.
  Abzugrenzen von: Liebhaberei

▶ Beteiligung am allgemeinen wirtschaftlichen Verkehr: Güter- und Leistungsaustausch.
  Abzugrenzen von: Geld- oder Sachzuflüssen ohne wirtschaftliche Gegenleistung

▶ Keine Land- und Forstwirtschaft (§ 13)

▶ Keine selbständige Arbeit nach § 18.

▶ Als weiteres, im Gesetz nicht enthaltenes Merkmal kommt hinzu:
Keine private Vermögensverwaltung
(Bei dieser steht nicht die planmäßige Ausnutzung von Substanzwertsteigerungen durch regelmäßige Veräußerung im Vordergrund, sondern nur die Nutzung des Vermögens durch Fruchtziehung aus zu erhaltender Substanz).

Da K seinen Werkstattbetrieb als selbständige nachhaltige Tätigkeit mit Gewinnerzielungsabsicht betreibt und sich hierbei am allgemeinen wirtschaftlichen Verkehr beteiligt und die Tätigkeit weder im Rahmen einer Land- und Forstwirtschaft, selbständigen Arbeit oder privaten Vermögensverwaltung erfolgt, erzielt er mit der Werkstatt Einkünfte aus Gewerbebetrieb nach § 15.

Gewerbesteueranrechnung

Fall 26

Die tarifliche Einkommensteuer des K beläuft sich in 02 auf 6.500 €. Hierbei entfallen 4.500 € auf gewerbliche Einkünfte. K fragt sich, ob er nicht als Gewerbetreibender zuviel Steuern zahlt. Einerseits die Gewerbesteuer, dann noch Einkommensteuer. Wo liegt denn da die immer wieder propagierte Entlastung des Mittelstandes?

Die tarifliche Einkommensteuer wird durch eine pauschalierte Anrechnung der Gewerbesteuer ermäßigt, soweit sie anteilig auf im zu versteuernden Einkommen enthaltene gewerbliche Einkünfte fällt (§ 35). Dies soll zu einer weitgehenden Entlastung der Unternehmen von der Gewerbesteuer führen. Bei dem Einzelunternehmer K (§ 15 Abs. 1 Satz 1 Nr. 1) würde damit ein Betrag von 4.500 € in das Entlastungsverfahren einbezogen werden.

Des Weiteren können auch Mitunternehmer (§ 15 Abs. 1 Satz 1 Nr. 2) und persönlich haftende Gesellschafter einer KGaA (§ 15 Abs. 1 Satz 1 Nr. 3) die Ermäßigung in Anspruch nehmen.

Der Ermäßigungsbetrag beträgt das 3,8-fache des maßgeblichen Gewerbesteuermessbetrages. Er ist auf die tatsächlich zu zahlende Gewerbesteuer beschränkt (§ 35 Abs. 1).

Kann K die Ermäßigung nach § 35 auch für 01 in Anspruch nehmen – die damalige Einkommensteuer betrug aufgrund von Verlustvorträgen „0"?

Nein, denn die Steuerermäßigung kann nur dann erfolgen, wenn sich auch eine Einkommensteuer ergibt.

Veräußerung des Betriebes (§ 2 Abs. 1 Satz 1 Nr. 2, § 16)

Fall 27

Der Großunternehmer G möchte „seine Bestände entschlacken" und sich von „unnötigem Ballast" trennen. Hierzu entfaltet er folgende Aktivitäten: Er veräußert einen Teil der ihm gehörenden Papierfabrik und gibt sein Sägewerk auf. Ferner veräußert er seinen Mitunternehmeranteil an der JWD-Holzwurm-GbR. Schließlich wird die Streichholzfabrik, deren Mitunternehmer er war, real geteilt, wobei keiner der bisherigen Mitunternehmer einen Teilbetrieb oder Mitunternehmeranteil erhält.
Erzielt G Einkünfte aus Gewerbebetrieb? Wenn ja, wie berechnet sich der zu versteuernde Gewinn? Gibt es irgendwelche Vergünstigungen?

Nach § 16 führen sämtliche Aktivitäten des G zu Einkünften aus Gewerbebetrieb:

▶ Die Veräußerung oder Aufgabe (§ 16 Abs. 3) eines Betriebes oder Teilbetriebes (§ 16 Abs. 1 Satz 1 Nr. 1), somit Papierfabrik und Sägewerk.

▶ Die Veräußerung des gesamten Mitunternehmeranteils (§ 16 Abs. 1 Satz 1 Nr. 2), also der an der JWD-Holzwurm-GbR.

▶ Die Realteilung der Mitunternehmerschaft (Streichholzfabrik) gilt als Aufgabe des Mitunternehmeranteils, da keiner der bisherigen Mitunternehmer einen Teilbetrieb oder Mitunternehmeranteil erhält (§ 16 Abs. 3).

Der zu versteuernde Gewinn (Veräußerungsgewinn) berechnet sich nach § 16 Abs. 2:

Veräußerungspreis
- Veräußerungskosten
- <u>Buchwert (Eigenkapital)</u>
Veräußerungsgewinn

Der Veräußerungsgewinn ist wie folgt (gegebenenfalls sogar mehrfach) begünstigt

▶ Freibetrag wegen Alters (ab Vollendung des 55. Lebensjahres) oder dauernder Berufsunfähigkeit in Höhe von 45.000 € (§ 16 Abs. 4 Satz 1). Dieser gilt jedoch nicht für Gewinne in unbegrenzter Höhe, sondern er ermäßigt sich um den Betrag, um den der Veräußerungsgewinn 136.000 € übersteigt (§ 16 Abs. 4 Satz 2).

▶ Besonderer Steuersatz (§ 34 Abs. 1 oder Abs. 3) für Veräußerungsgewinne als außerordentliche Einkünfte (§ 34 Abs. 2 Nr. 1)

▶ Teileinkünfteverfahren bei Veräußerung von im Betriebsvermögen befindlichen Anteilen an Kapitalgesellschaften (§ 3 Nr. 40b), soweit keine gleichzeitige Begünstigung nach § 34 erfolgt (§ 34 Abs. 2 Nr. 1).

Veräußerung von Anteilen an Kapitalgesellschaften (§ 2 Abs. 1 Satz 1 Nr. 2, § 17)

Fall 28

H hat seit mehreren Jahren Anteile verschiedener Kapitalgesellschaften in seinem Privatvermögen: Entgeltlich erworbene Anteile an der F-GmbH (4 %) und der L-GmbH (0,5 %) sowie einen unentgeltlich von seinem Vater erworbenen Anteil an der R-GmbH (0,25 % – den restlichen 1,75 %-Anteil hat sein Vater behalten).

H hat diese Anteile nunmehr allesamt veräußert und fragt sich, ob er die erzielten Gewinne nach § 17 versteuern muss. Wie hat gegebenenfalls die Gewinnermittlung zu erfolgen? Ist der gesamte Gewinn steuerpflichtig?

H muss die von ihm erzielten Gewinne unter folgenden Voraussetzungen nach § 17 als Einkünfte aus Gewerbebetrieb versteuern:

- Die Anteile an den Kapitalgesellschaften müssen von ihm im Privatvermögen gehalten worden sein. Dies war bei H der Fall.

- Es muss eine entgeltliche Übertragung (§ 17 Abs. 1) (hier die Veräußerung durch H) oder Liquidation (§ 17 Abs. 4) erfolgt sein.

- Der Veräußerer H – bei unentgeltlichem Erwerb dessen Rechtsvorgänger – muss an der Kapitalgesellschaft wesentlich beteiligt gewesen sein. Er muss hierzu irgendwann innerhalb der letzten fünf Jahre mindestens 1% der Anteile gehalten haben (§ 17 Abs. 1 Satz 1).

  Dies war bei der F-GmbH der Fall (4%), nicht jedoch bei der L-GmbH (0,5%). Der von H unentgeltlich erworbene Anteil der R-GmbH betrug zwar nur 0,25%; da jedoch der Rechtsvorgänger V insgesamt 2% innehatte (0,25% + 1,75%), ist auch H durch die „Vermittlung" des V wesentlich beteiligt (§ 17 Abs. 1 Satz 4).

H erzielt damit im Rahmen seiner Gewinne aus den Veräußerungen der Anteile der F-GmbH und der R-GmbH jeweils Einkünfte aus Gewerbebetrieb.

Der Gewinn ermittelt sich hierbei nach § 17 Abs. 2 wie folgt:

    Veräußerungspreis
- Veräußerungskosten
- Anschaffungskosten
  <u>(bei unentgeltlichem Erwerb des Rechtsvorgängers)</u>
    Gewinn

Einen Freibetrag gewährt § 17 Abs. 3.

Zu beachten ist, dass nach § 3 Nr. 40c das Teileinkünfteverfahren anzuwenden ist, wonach 40% des „Veräußerungspreises" steuerfrei bleiben. Korrespondierend dazu dürfen auch jeweils nur 60% der Veräußerungskosten (§ 3c Abs. 2 Satz 1 Halbsatz 1) und Anschaffungskosten (§ 3c Abs. 2 Satz 1 Halbsatz 2) angesetzt werden.

Bei Veräußerungsverlusten ist die Missbrauchsvorschrift des § 17 Abs. 2 Satz 6 zu beachten.

Die einzelnen Einkunftsarten

Übersicht 7: Einkünfte aus Gewerbebetrieb

§ 15 Einkünfte aus Gewerbebetrieb (Grundnorm)	§ 16 Veräußerung des Betriebes	§ 17 Veräußerungen von Anteilen an Kapitalgesellschaften
Selbständige Tätigkeit Nachhaltigkeit Gewinnerzielungsabsicht Beteiligung am allgemeinen wirtschaftlichen Verkehr Keine Land- und Forstwirtschaft Keine selbständige Arbeit Keine private Vermögensverwaltung	Veräußerung/ Aufgabe des Betriebes/ Teilbetriebes Veräußerung des gesamten Mitunternehmeranteils Realteilung der Mitunternehmerschaft	Anteile an Kapitalgesellschaften im Privatvermögen Entgeltliche Übertragung oder Liquidation Wesentliche Beteiligung von Veräußerer/Rechtsvorgänger an Kapitalgesellschaft

Einkünfte aus selbständiger Arbeit (§ 2 Abs. 1 Satz 1 Nr. 3, § 18)

Fall 29

Die Schriftstellerin S, Anwältin A, und Physiotherapeutin P wollen von Ihnen wissen, ob sie Einkünfte aus selbständiger Arbeit (§ 18) erzielen.

Einkünfte aus selbständiger Arbeit sind Einkünfte aus freiberuflicher Tätigkeit (§ 18 Abs. 1 Nr. 1). Kennzeichnend hierfür sind jeweils eine Ausbildung auf höherem Niveau und eigene geistige Leistung.

Es gibt drei Zuordnungskriterien:

▶ Art der Tätigkeit: wissenschaftliche, künstlerische, schriftstellerische, unterrichtende oder erzieherische Tätigkeit

▶ Katalogberuf: Ärzte, Zahnärzte, Tierärzte, Rechtsanwälte, Notare, Patentanwälte, Vermessungsingenieure, Ingenieure, Architekten, Handelschemiker, Wirtschaftsprüfer, Steuerberater, beratende Volks- und Betriebswirte, vereidigte Buchprüfer, Steuerbevollmächtigte, Heilpraktiker, Dentisten, Krankengymnasten, Journalisten, Bildberichterstatter, Dolmetscher, Übersetzer, Lotsen

▶ Ähnliche Berufe: diese sind dem Katalogberuf hinsichtlich Ausübung und Ausbildung vergleichbar.

Somit sind Schriftstellerin S nach Art der Tätigkeit, Anwältin A im Rahmen eines Katalogberufs und Physiotherapeutin P mit einem ähnlichen Beruf freiberuflich tätig und erzielen jeweils Einkünfte aus selbständiger Arbeit.

Chemiker C, dessen Labor in 15 Abteilungen mit jeweils darin tätigen angestellten Chemikern und Chemisch-Technischen-Assistenten eingeteilt ist, ist der Meinung, dass auch er im Rahmen seiner wissenschaftlichen Tätigkeit freiberuflich tätig ist.

Dem ist nicht so, da der Freiberufler aufgrund eigener Fachkenntnisse leitend und eigenverantwortlich tätig sein muss. Er darf sich zwar fachlicher Hilfe bedienen, es darf jedoch nicht das bloße Planen und Arbeitverteilen im Vordergrund stehen, sondern die geistige Leistung. C erzielt damit nicht (mehr) Einkünfte aus freiberuflicher Tätigkeit, sondern aus Gewerbebetrieb.

Schließlich wollen noch Testamentsvollstrecker T, Vermögensverwalter V und Aufsichtsrat R wissen, welche Einkünfte sie erzielen.

Die genannte Tätigkeiten (Testamentsvollstrecker, Vermögensverwalter, Aufsichtsrat) stellen Einkünfte aus sonstiger selbständiger Arbeit dar (§ 18 Abs. 1 Nr. 3).

Leitsatz 6

Einkünfte aus selbständiger Arbeit

Für die Einkünfte aus selbständiger Arbeit gibt es drei Zuordnungskriterien der **freiberuflichen Tätigkeit** (§ 18 Abs. 1 Nr. 1):

– Art der Tätigkeit

– Katalogberuf

– ähnliche Berufe

Kennzeichnend sind immer **Ausbildung auf höherem Niveau** und **eigene geistige Leistung**.

Lektion 8: Überschusseinkünfte

Zu den Überschusseinkünften (§ 2 Abs. 2 Satz 1 Nr. 2) zählen die Einkünfte aus nichtselbständiger Arbeit, aus Kapitalvermögen, aus Vermietung und Verpachtung und die sonstigen Einkünfte nach § 22.

Einkünfte aus nichtselbständiger Arbeit (§ 2 Abs. 1 Satz 1 Nr. 4, § 19)

Fall 30

Der Chef C einer neu gegründeten Firma möchte gerne Arbeitnehmer einstellen und deshalb von Ihnen wissen, was die Kriterien für die Arbeitnehmereigenschaft nach dem Einkommensteuerrecht sind. Auch interessiert ihn, welche Einkunftsart der Arbeitnehmer erzielt und was es mit der Lohnsteuer „auf sich hat".

Voraussetzungen für einen Arbeitnehmer nach Einkommensteuerrecht sind nach § 1 Abs. 1 LStDV (Lohnsteuerdurchführungsverordnung):

▶ Dienstverhältnis § 1 Abs. 2 LStDV

▶ Arbeitslohn § 2 LStDV

Um festzustellen, ob ein Dienstverhältnis vorliegt, ist zwischen selbständiger und nichtselbständiger Tätigkeit abzugrenzen, wobei das Gesamtbild entscheidend ist.

Merkmale einer nichtselbständigen – abhängigen – Arbeit sind:

▶ Eingliederung in ein Unternehmen (feste Arbeitszeiten, Bereitstellung von Arbeitsplatz- und Mitteln, Urlaubsanspruch)

▶ kein Unternehmerrisiko (überwiegend erfolgsunabhängige Bezüge, Lohnfortzahlung bei Krankheit und Urlaub)

▶ Weisungsgebundenheit (hinsichtlich Ort, Zeit und Inhalt der Arbeit)

▶ Parteiwille (Abführung von Lohnsteuer und Sozialabgaben)

Der Arbeitnehmer erzielt Einkünfte aus nichtselbständiger Arbeit nach § 19.

Die Lohnsteuer ist eine spezielle Erhebungsform der Einkommensteuer, deren Schuldner der Arbeitnehmer ist § 38 Abs. 2 Satz 1. Die Lohnsteuer ist Teil des Bruttoarbeitslohns.

Der Arbeitgeber hat die Lohnsteuer vom Arbeitslohn einzubehalten und abzuführen (§ 38 Abs. 3 Satz 1), er ist diesbezüglich Haftungsschuldner.

Die Lohnsteuer wird bei der Einkommensteuerveranlagung des Arbeitnehmers angerechnet (§ 36 Abs. 2 Nr. 2 Buchstabe a).

Leitsatz 7

Einkünfte aus nichtselbständiger Arbeit

Hauptmerkmal der nichtselbständigen Arbeit ist das Abhängigkeitsverhältnis:
- Eingliederung in das Unternehmen
- Kein Unternehmerrisiko
- Weisungsgebundenheit
- Parteiwille

Die Lohnsteuer ist eine spezielle Erhebungsform der Einkommensteuer und Teil des Bruttoarbeitslohns.

Einkünfte aus Kapitalvermögen (§ 2 Abs. 1 Satz 1 Nr. 5, § 20)

Bei den Einkünften aus Kapitalvermögen gibt es einiges zu beachten. Die wichtigsten Grundsätze werden in den folgenden Fällen dargestellt.

Gewinnausschüttungen bei Beteiligungen an Kapitalgesellschaften im Privatvermögen

 Fall 31

K hält einen 10%-Anteil an der A-GmbH im Privatvermögen. Er erhält von der GmbH eine Gewinnausschüttung. Wie muss er diese versteuern?

Durch die Ausschüttung aus einer Beteiligung im Privatvermögen erzielt K Einkünfte aus Kapitalvermögen (§ 20 Abs. 1 Nr. 1 Satz 1).

Diese unterliegen zu 25 % der Abgeltungsteuer (§ 32d Abs. 1).

K, dem so einiges an Ausgaben entstanden ist, möchte diese gerne als Werbungskosten absetzen. Geht das?

Bei der Ermittlung der Einkünfte aus Kapitalvermögen ist als Werbungskosten ein Betrag von 801 € abzuziehen (Sparer-Pauschbetrag) (§ 20 Abs. 9 Satz 1 Halbsatz 1).

Dieser Betrag verdoppelt sich bei zusammen veranlagten Ehegatten/Lebenspartnern (§ 2 Abs. 8) auf einen gemeinsamen Sparer-Pauschbetrag von 1.602 € (§ 20 Abs. 9 Satz 2).

Der Abzug der tatsächlichen Werbungskosten ist ausgeschlossen (§ 20 Abs. 9 Satz 1 Halbsatz 2).

Und was wäre, wenn K Verluste erzielt hätte?

Hinsichtlich etwaiger Verluste aus Kapitalvermögen ist zu beachten, dass diese nur innerhalb der gleichen Einkunftsart mit Veräußerungsgewinnen des Steuerpflichtigen im gleichen Veranlagungszeitraum ausgleichsfähig sind. Sie mindern jedoch Kapitaleinkünfte des Vorjahres sowie künftiger Jahre (§ 20 Abs. 6).

Fall 32

Auch K's Kumpel U ist an der A-GmbH beteiligt. Er hat jedoch, neben den Ausschüttungen der A-GmbH, nur geringe Einkünfte. Sein persönlicher Steuersatz liegt daher unter 25 %. Er fühlt sich durch die Abgeltungsteuer ungerecht behandelt. Was kann er tun?

Durch eine ausnahmslose Anwendung der Abgeltungsteuer würden diejenigen Anteilseigner benachteiligt werden, deren persönlicher Steuersatz unter 25 % liegt.

Das Gesetz sieht deshalb die Möglichkeit vor, dass Geringverdiener eine Günstigerprüfung beantragen:

- ▶ Auf den Antrag des Steuerpflichtigen
- ▶ werden dann anstelle der Anwendung der Abgeltungsteuer
- ▶ die nach § 20 ermittelten Kapitaleinkünfte
  - den anderen Einkünften des Steuerpflichtigen hinzugerechnet und
  - der tariflichen Einkommensteuer unterworfen
- ▶ wenn dies zu einer niedrigeren Einkommensteuer führt (§ 32d Abs. 6 Satz 1).

Die Sache mit der Günstigerprüfung gefällt dem U. Er erwägt jedoch, den Antrag nur für die Erträge aus der A-GmbH zu stellen, nicht jedoch für seine anderen Kapitalerträge. Geht das?

Der Antrag kann für den jeweiligen Veranlagungszeitraum nur einheitlich für sämtliche Kapitalerträge gestellt werden (§ 32d Abs. 6 Satz 2).

Bei zusammenveranlagten Ehegatten/Lebenspartnern (§ 2 Abs. 8) kann der Antrag nur für sämtliche Kapitalerträge beider Ehegatten/Lebenspartner gestellt werden (§ 32d Abs. 6 Satz 3).

Es gilt deshalb für U das „Alles-oder-Nichts-Prinzip".

Fall 33

Zurück zu K, der noch weitere GmbH-Anteile im Privatvermögen hält:
- Einen Anteil von 30% an der B-GmbH
- Einen Anteil von 5%, an der C-GmbH. Für diese ist K aber auch noch als Geschäftsführer der tätig.

Gilt auch für diese Anteile die Abgeltungsteuer, oder gibt es noch andere Möglichkeiten?

K erzielt mit beiden Anteilen Einkünfte aus Kapitalvermögen (§ 20 Abs. 1 Nr. 1), sodass für beide grundsätzlich die Abgeltungsteuer gilt (§ 32d Abs. 1).

Das Gesetz eröffnet jedoch die Möglichkeit, auf Antrag das Teileinkünfteverfahren (§ 3 Nr. 40 Satz 1 Buchstabe d Satz 1, § 32d Abs. 2 Nr. 3 Satz 2) anzuwenden, wenn alternativ folgende Voraussetzungen erfüllt sind:

▶ Mittelbare oder unmittelbare Beteiligung von mindestens 25 % (§ 32d Abs. 2 Nr. 3 Satz 1 Buchstabe a)

Dies trifft auf K's 30 %-Anteil an der B-GmbH zu.

▶ Mittelbare oder unmittelbare Beteiligung von mindestens 1 % und die Möglichkeit, durch eine berufliche Tätigkeit des Gesellschafters für die Kapitalgesellschaft maßgeblichen unternehmerischen Einfluss auf deren wirtschaftliche Tätigkeit zu nehmen (§ 32d Abs. 2 Nr. 3 Satz 1 Buchstabe b)

Dies trifft auf K als Gesellschafter-Geschäftsführer der C-GmbH für seinen 5 % Anteil zu.

Von den von K erzielten Einnahmen sind dann bei Anwendung des Teileinkünfteverfahrens 60 % der Einnahmen steuerpflichtig und 40 % steuerfrei.

Und wie sieht es aus mit seinen Ausgaben, fragt sich K. Gilt für diese dann auch nur der Sparer-Pauschbetrag, oder darf er diese im tatsächlichen Umfang ansetzen?

Hinsichtlich der Werbungskosten gilt:

▶ Der Sparer-Pauschbetrag (§ 20 Abs. 9) ist beim Teileinkünfteverfahren nicht anwendbar (§ 32d Abs. 2 Nr. 3 Satz 2).

▶ Die (tatsächlichen) Werbungskosten dürfen (nur) zu 60 % abgezogen werden (§ 3c Abs. 2).

Und wie ist es mit etwaigen Verlusten?

Die Verlustverrechnungsbeschränkung (§ 20 Abs. 6) ist beim Teileinkünfteverfahren ebenfalls nicht anwendbar (§ 32d Abs. 2 Nr. 3 Satz 2).

Gewinnausschüttungen bei Beteiligungen an Kapitalgesellschaften im Betriebsvermögen

Fall 34

K hält auch noch einen 20%-Anteil an der D-GmbH im Betriebsvermögen seines Gewerbebetriebes. Auch von dieser GmbH erhält er Gewinnausschüttungen. Er überlegt, ob es sich hierbei auch um Einkünfte aus Kapitalvermögen handelt?

Bei den Gewinnausschüttungen der D-GmbH handelt es sich um Gewinnanteile (Dividenden) (§ 20 Abs. 1 Nr. 1 Satz 1) an Gesellschafter K in dessen Betriebsvermögen.

Wenn jedoch Einkünfte nach § 20 Abs. 1 zu den Einkünften aus

▶ Land- und Forstwirtschaft (§ 2 Abs. 1 Satz 1 Nr. 1; § 13)

▶ Gewerbebetrieb (§ 2 Abs. 1 Satz 1 Nr. 2; § 15)

▶ selbständiger Arbeit (§ 2 Abs. 1 Satz 1 Nr. 3; § 18)

▶ Vermietung oder Verpachtung (§ 2 Abs. 1 Satz 1 Nr. 6; § 20)

gehören, sind sie diesen Einkünften zuzurechnen (§ 20 Abs. 8), es erfolgt dann also eine Umqualifizierung der Einkünfte.
Die Ausschüttungen der D-GmbH sind deshalb den Einkünften des K aus Gewerbebetrieb zuzurechnen.

Und gilt für diese die Abgeltungsteuer oder das Teileinkünfteverfahren, ist K's nächste Frage?

Für diese umqualifizierten Einkünfte gilt grundsätzlich das Teileinkünfteverfahren (§ 20 Abs. 8 i.V.m. § 32d Abs. 1 Satz 1).

Damit sind

▶ 40% der Ausschüttungen steuerfrei (§ 3 Nr. 40 Satz 1 Buchstabe d Satz 1 i.V.m. § 3 Nr. 40 Satz 2).

▶ 40% der Ausgaben nicht abziehbare Betriebsausgaben bzw. Werbungskosten (§ 3c Abs. 2).

Übersicht 8: Behandlung von Gewinnausschüttungen bei Beteiligungen an Kapitalgesellschaften

Die Beteiligung wird gehalten im:	
Privatvermögen	**Betriebsvermögen**
Einkünfte aus Kapitalvermögen § 20 Abs. 1 Nr. 1	Umqualifizierung der Einkünfte in Einkünfte aus – Land- und Forstwirtschaft – Gewerbebetrieb – Selbständiger Arbeit – Vermietung und Verpachtung § 20 Abs. 8
Anzuwendendes Verfahren:	
Abgeltungsverfahren 25 % Abgeltungsteuer § 32d Abs. 1	**Teileinkünfteverfahren** 60 % steuerpflichtig, 40 % steuerfrei § 3 Nr. 40 Satz 1 Buchst. d
Mögliche Ausnahmen: **Auf Antrag Veranlagung** — wenn Beteiligung an Kapitalgesellschaft mindestens Günstigerprüfung für Geringverdiener § 32d Abs. 6 — 25 % — 1 % + beruflich für Kapitalgesellschaft tätig + maßg. Einfluss **auf Antrag Veranlagung, Teileinkünfteverfahren** § 32d Abs. 2 Nr. 3	
Ansatz von Ausgaben?	
Sparer-Pauschbetrag, keine tatsächlichen Werbungskosten § 20 Abs. 9 **Tatsächliche Werbungskosten** 60 % abzugsfähig 40 % nicht abziehbar § 3c Abs. 2 kein Sparer-Pauschbetrag § 32d Abs. 2 Nr. 3 Satz 2	**Tatsächliche Betriebsausgaben / Werbungskosten** 60 % abzugsfähig 40 % nicht abziehbar § 3c Abs. 2
Verlustverrechnung?	
Begrenzt auf Einkünfte aus Kapitalvermögen § 20 Abs. 6	**Begrenzung** des § 20 Abs. 6 **gilt nicht**

Veräußerungen von privat gehaltenen Anteilen an Kapitalgesellschaften (kein Fall des § 17)

Fall 35

K überlegt, ob er die privat gehaltenen Anteile an der A, B und C-GmbH veräußern soll. Nachdem er schon festgestellt hat, dass diese nicht unter § 17 fallen, möchte er noch abklären, ob sie unter § 20 fallen. Dies interessiert auch U, der sich von seinem Anteil an der A-GmbH trennen möchte.

§ 20 erfasst

▶ nicht nur die Erträge (§ 20 Abs. 1 Nr. 1)

▶ sondern auch die Wertsteigerung (z.B. Gewinn aus dem Verkauf von GmbH-Anteilen, Aktien etc.) (§ 20 Abs. 2)

der Quelle.

Im Ergebnis fallen also auch Anteilsverkäufe unter § 20.

Und wie sieht das dann mit der Besteuerung eines Veräußerungsgewinnes aus, ist die nächste Frage der Beiden?

Für die Besteuerung der Gewinne gilt das zu den Ausschüttungen der jeweiligen GmbHs Gesagte entsprechend.

Für K also Fall 31 A-GmbH, Fall 33 B-GmbH und C-GmbH und für U Fall 32.

Leitsatz 8

Einkünfte aus Kapitalvermögen

§ 20 erfasst nicht nur die Erträge von im Privatvermögen gehaltenen Kapitalanlagen, sondern auch die Wertsteigerung der Quelle.

Andere Beteiligungen

Fall 36

K hat Einnahmen aus (typischen und atypischen) stillen Beteiligungen und Darlehenszinsen (kein partiarisches Darlehen). Er möchte gerne von Ihnen erfahren, ob er denn hiervon etwas versteuern muss.

K's Einnahmen aus typisch stiller Beteiligung fallen unter § 20 Abs. 1 Nr. 4 und sind Einkünfte aus Kapitalvermögen.

Die Einnahmen aus atypisch stiller Beteiligung (Mitunternehmerrisiko und -initiative des atypisch stillen Gesellschafters gemäß § 15 Abs. 1 Satz 1 Nr. 2) sind dagegen gewerbliche Einkünfte.

Einzelheiten zur Mitunternehmerschaft finden Sie in Fall 46.

Die Darlehenszinsen sind Erträge aus sonstigen Kapitalforderungen, da sie Entgelt für die Überlassung des Kapitalvermögens zur Nutzung darstellen § 20 Abs. 1 Nr. 7.

Und wie funktioniert die weitere Besteuerung?

Es gilt grundsätzlich das Abgeltungsverfahren (Fall 31) mit der Möglichkeit der Günstigerprüfung für Geringverdiener (Fall 32).

Würde sich daran etwas ändern, wenn K die Darlehenszinsen von seiner Mutter erhalten hätte?

In diesem Fall sind Darlehensgläubiger und Schuldner nahestehende Personen, sodass

▶ das Abgeltungsverfahren nicht greift (§ 32d Abs. 2 Satz 1 Nr. 1 Buchstabe a)

▶ die Einkünfte nach § 20 Abs. 1 Nr. 7 normal zu versteuern sind

▶ die tatsächlich entstandenen Werbungskosten abzuziehen sind (§ 20 Abs. 9, § 32d Abs. 2 Satz 2)

▶ Verlustverrechnung möglich ist (§ 20 Abs. 6, § 32d Abs. 2 Satz 2).

Und kann K auf die Darlehenszinsen das Teileinkünfteverfahren anwenden?

Da § 3 Nr. 40 nicht auf § 20 Abs. 1 Nr. 7 verweist, ist das Teileinkünfteverfahren für Darlehenszinsen nicht anwendbar.

Einkünfte aus Vermietung und Verpachtung (§ 2 Abs. 1 Satz 1 Nr. 6, § 21)

Fall 37

V, der gerne durch Vermietung zusätzliches Geld in die Kasse bringen möchte, fragt sich, ob er dieses gegebenenfalls versteuern muss. Er will deshalb von Ihnen wissen, was denn so alles unter „Einkünfte aus Vermietung und Verpachtung" fällt. Insbesondere denkt er an Wohnungen, einen Großcomputer, ein Auto und Urheberrechte. Ferner will er Mietzinsforderungen veräußern.

§ 21 erfasst die zeitlich begrenzte Nutzungsüberlassung von

▶ Nr. 1 unbeweglichem Vermögen, also von Grundstücken, Gebäuden und Gebäudeteilen (V's Wohnung) sowie auch eingetragenen Schiffen

▶ Nr. 2 Sachinbegriffen (einzelne, funktionell und technisch aufeinander abgestimmte Wirtschaftsgüter), insbesondere von beweglichem Betriebsvermögen wie V's Großcomputer

▶ Nr. 3 Rechten, insbesondere von schriftstellerischen, künstlerischen und gewerblichen Urheberrechten, also auch die des V

▶ Nr. 4 Veräußerung von Miet- und Pachtzinsforderungen, sodass auch die von V geplante Forderungsveräußerung darunter fällt.

Nicht unter § 21 fällt die Vermietung beweglicher Sachen, sodass V's Auto nicht einzubeziehen ist – vielmehr kann hier § 22 Nr. 3 Satz 1 einschlägig sein („gelegentliche Vermietung beweglicher Gegenstände").

Das ist ja doch „Einiges", denkt sich V. Was genau sind denn aber jetzt Einnahmen und welche Werbungskosten kann er geltend machen? Dies interessiert ihn nur im Zusammenhang mit der Wohnungsvermietung.

Einnahmen sind nach dem **Bruttoprinzip** alle Nutzungsentgelte, also auch die auf den Mieter überwälzten Nebenkosten.

Werbungskosten sind beispielsweise Schuldzinsen, Kreditgebühren, Grundsteuer, AfA (§ 9 Abs. 1 Satz 3 Nr. 1, 2, 7).

Hierbei ist jedoch zu beachten, dass die Werbungskosten **in einen entgeltlichen und einen unentgeltlichen Teil aufzuteilen** sind, **wenn** die Miete weniger als 66 % der ortsüblichen Marktmiete beträgt (§ 21 Abs. 2).

Und was wäre, möchte V noch wissen, wenn die Mieteinkünfte einer anderen Einkunftsart zuzurechnen sind, beispielsweise seinem Gewerbebetrieb?

Dann sind sie, soweit sie zu der **anderen Einkunftsart** gehören, dieser zuzurechnen (§ 21 Abs. 3).

Übersicht 9: Miethöhe und Werbungskostenabzug

Wenn Miete der Wohnung	
weniger als 66 % der ortsüblichen Miete	**mindestens 66 %** der ortsüblichen Miete bei auf Dauer angelegter Wohnungsvermietung
Nutzungsüberlassung in einen **entgeltlichen** und einen **unentgeltlichen** Teil **aufzuteilen**	**Wohnungsvermietung gilt als entgeltlich**

Sonstige Einkünfte (§ 2 Abs. 1 Satz 1 Nr. 7, § 22)

Im Rahmen der „sonstigen Einkünfte" werden wiederkehrende Bezüge, Alterseinkünfte, Gewinne aus privaten Veräußerungsgeschäften und Einkünfte aus sonstigen Leistungen dargestellt.

Wiederkehrende Bezüge

Fall 38

E erhält von ihrem geschiedenen Ehemann G Unterhaltszahlungen in Höhe von monatlich 1.000 €. Muss sie diese versteuern?

Nur, wenn sie zugestimmt hat, dass ihr Ex-Mann G die Unterhaltsleistungen nach § 10 Abs. 1a Nr. 1 im Rahmen des Realsplittings als Sonderausgaben abziehen kann. Dann entstehen ihr nach dem Korrespondenzprinzip steuerpflichtige Einkünfte in gleicher Höhe (§ 22 Nr. 1a).

Hinweis: Das Realsplitting aus Sicht des G haben Sie in Fall 13 kennengelernt.

Alterseinkünfte

Fall 39

A und seine Frau F machen sich Sorgen um ihr Wohlergehen im Alter. A hat sein Arbeitsleben lang in die gesetzliche Rentenversicherung und eine private Rentenversicherung (keine Rürup-Rente) eingezahlt. Seine Frau zahlt Beiträge in die berufsständische Rechtsanwalts- und Steuerberater Versorgung und in eine Rürup-Rente. Wie sind diese Renten im Alter im Grundsatz zu versteuern?

Die Altersvorsorge nach dem Altersvermögensgesetz wird in der Ansparphase durch Sonderausgabenabzug oder Zulagen gefördert, in der Leistungsphase unterliegen die Zahlungen in vollem Umfang der Besteuerung (nachgelagerte Besteuerung).

Für Leistungen der gesetzlichen Rentenversicherungen, der berufsständischen Versorgungswerke und einer Rürup-Rente (vgl. § 10 Abs. 1 Nr. 2 Buchstabe b) ist ab dem Jahr 2005 grds. das Renteneintrittsjahr für den Prozentsatz der Steuerpflicht maßgebend. Im darauf folgenden Jahr wird der dauerhaft festgeschriebene Freibetrag ermittelt, der in allen Folgejahren grundsätzlich unverändert bleibt (§ 22 Nr. 1 Satz 3 Buchstabe a Doppelbuchstabe aa).

Regelmäßige Rentenanpassungen oder Rentensteigerungen haben dabei keinen Einfluss auf diesen Rentenfreibetrag, sodass sich diese voll auf den steuerpflichtigen Teil der Rente auswirken.

Für Leistungen der Renten aus privaten Versicherungen (keine „Rürup-Rente") ist ab 2005 weiterhin die Besteuerung mit dem günstigeren Ertragsanteil vorzunehmen. Dieser ermittelt sich nach dem bei Beginn der Rente vollendeten Lebensjahr des Rentenberechtigten (§ 22 Nr. 1 Satz 3 Buchstabe a Doppelbuchstabe bb).

Gewinne aus privaten Veräußerungsgeschäften (§ 2 Abs. 1 Satz 1 Nr. 7, § 22 Nr. 2, § 23)

Fall 40
K beabsichtigt die Veräußerung von Grundstücken und Musikinstrumenten, die er im Privatvermögen gehalten hat.
Das fremdvermietete Grundstück in München hat er vor 20 Jahren angeschafft, das fremdvermietete Grundstück in Augsburg vor neun Jahren und das bisher selbst genutzte Grundstück Starnberg vor acht Jahren. Eine Violine, die er verkaufen möchte, hat er am 25.09 01 angeschafft und möchte sie am 22.04.02 wieder verkaufen. Ein ebenfalls zum Verkauf stehendes Cello hat er vor sieben Jahren erworben und es für bezahlte Konzerte genutzt. Schließlich will er auch noch einen vor einem halben Jahr erworbenen Staubsauger wieder verkaufen.
Da er von Freunden etwas von „der Spekulationsfrist des § 23" gehört hat, möchte er von Ihnen hierzu Genaueres erfahren, da er sonst noch warten will, bis die „Gefahr der Besteuerung" vorbei ist.

Wertsteigerungen im Privatvermögen (also nicht im Betriebsvermögen) werden als Gewinne aus privaten Veräußerungsgeschäften unter folgenden Voraussetzungen besteuert:

▶ Zwischen Anschaffung
  = entgeltlicher Erwerb (also nicht: unentgeltlicher Erwerb von Todes wegen oder Schenkung; Herstellung eines Wirtschaftsgutes)

  oder Entnahme (§ 23 Abs. 1 Satz 2)

und Veräußerung

▶ besteht ein enger zeitlicher Zusammenhang

- Zehn Jahre bei Grundstücken und Grundstücksrechten (§ 23 Abs. 1 Satz 1 Nr. 1)

- Ein Jahr für andere Wirtschaftsgüter (z.B. K's Musikinstrumente) (§ 23 Abs. 1 Satz 1 Nr. 2 Satz 1), wobei Gegenstände des täglichen Gebrauchs (z.B. K's Staubsauger) nicht unter die Regelung fallen (§ 23 Abs. 1 Nr. 2 Satz 2)

  Der Zeitraum erhöht sich auf zehn Jahre, wenn aus der Nutzung des Wirtschaftsgutes zumindest in einem Kalenderjahr Einkünfte erzielt werden (§ 23 Abs. 1 Satz 1 Nr. 2 Satz 4)

wobei für den Zeitpunkt jeweils das schuldrechtliche Verpflichtungsgeschäft (z.B. Kaufvertrag) maßgeblich ist.

Die Fristberechnung (z.B. bei K's Violine) erfolgt nach § 108 AO i.V.m. §§ 187, 188 BGB: Die Frist beginnt, da es sich um eine Ereignisfrist handelt, am Tag nach dem Ereignis (Anschaffung) (§ 108 Abs. 1 AO, § 187 Abs. 1 BGB), somit am 26.09.01. Sie endet, da es sich um ein Jahresfrist handelt, mit Ablauf des Tages mit der gleichen Zahl des Ereignisses (§ 108 Abs. 1 AO, § 188 Abs. 2 BGB), somit am 25.09.02 um 24.00 Uhr. Am beabsichtigten Verkaufstag, dem 22.04.02, ist damit die Jahresfrist noch nicht abgelaufen.

Neben dem Verkauf der Violine muss er auch den Verkauf des vor sieben Jahren angeschafften Konzert-Cellos versteuern. Ebenso die Veräußerung des Grundstücks in Augsburg, da dies erst vor neun Jahren angeschafft wurde.

Der Verkauf des bereits vor 20 Jahren angeschafften Grundstücks in München stellt dagegen kein steuerpflichtiges Veräußerungsgeschäft mehr dar.

Bei bebauten Grundstücken gibt es jedoch eine wichtige Ausnahme:

Bei einer Veräußerung innerhalb der Zehn-Jahres-Frist liegt dann kein privates Veräußerungsgeschäft vor, wenn es (§ 23 Abs. 1 Satz 1 Nr. 1 Satz 3)

▶ im Veräußerungsjahr und den beiden vorangehenden vollen Kalenderjahren auch (Mitbenutzung reicht aus) zu eigenen Wohnzwecken oder

▶ bei späterer Gebäudefertigstellung bis zur Veräußerung ausschließlich (Mitbenutzung reicht nicht aus) zu eigenen Wohnzwecken genutzt wurde.

Somit unterfällt das von K privat genutzte Grundstück in Starnberg nicht der Besteuerung als privates Veräußerungsgeschäft.

Der Veräußerungsgewinn (§ 23 Abs. 3 Satz 1) berechnet sich wie folgt:

```
  Veräußerungspreis
- Anschaffungs-/Herstellungskosten
- Veräußerungskosten
  Veräußerungsgewinn
```

Wurden die veräußerten Wirtschaftsgüter vorher zur Erzielung von Einkünften genutzt und hierbei Abschreibungen geltend gemacht, so mindern diese nunmehr die Anschaffungs-/Herstellungskosten (§ 23 Abs. 3 Satz 4).

Veräußerungsgewinne von weniger als 600 € pro Kalenderjahr sind steuerfrei (Freigrenze) § 23 Abs. 3 Satz 5.

Hinsichtlich etwaiger Verluste aus privaten Veräußerungsgeschäften ist zu beachten, dass diese nur innerhalb der gleichen Einkunftsart mit Veräußerungsgewinnen des Steuerpflichtigen im gleichen Veranlagungszeitraum ausgleichsfähig sind (§ 23 Abs. 3 Satz 7). Sie mindern jedoch private Veräußerungsgewinne des Vorjahres sowie künftiger Jahre (§ 23 Abs. 3 Satz 8).

Einkünfte aus sonstigen Leistungen
(§ 2 Abs. 1 Satz 1 Nr. 7, § 22 Nr. 3)

Fall 41
Abschließend zu den Einkunftsarten hat K noch eine Frage zu den „Einkünften aus sonstigen Leistungen". Er befürchtet, dass dort einer unbegrenzten Besteuerung „Tür und Tor" geöffnet ist. Hat er Recht mit seinen Bedenken? Was genau fällt unter diese Einkunftsart?

Einkünfte aus sonstigen Leistungen sind solche, die nicht zu anderen Einkunftsarten gehören. Diese Regelung ist jedoch sehr eng auszulegen. Es handelt sich nicht um eine ertragsteuerliche Generalklausel, der Numerus Clausus der Einkunftsarten darf nicht unterlaufen werden.

Leistung im Sinn der Norm ist „jedes Tun, Dulden oder Unterlassen, das Gegenstand eines entgeltlichen Vertrages sein kann und um des Entgeltes willen erbracht wird".

Unter § 22 Nr. 3 fallen:

▶ Gelegentliche Vermittlungsleistungen, gelegentliche Teilnahme an Talkshows, gelegentliche Auftritte eines Musikers

▶ Gelegentliche (nicht gewerbliche) Vermietung beweglicher Gegenstände (Auto, Segelboot)

▶ Schmier- und Bestechungsgelder

▶ Honorare für Probanden und Testpersonen

▶ Regelmäßige Mitfahrervergütung.

Hierunter fallen beispielsweise nicht:

▶ Lotteriegewinne

▶ Unterschlagungen

▶ Dirnenlohn (letzterer ist nach § 15 zu versteuern wg. § 1 ProstG).

Die Einkünfte nach § 22 Nr. 3 sind steuerpflichtig, wenn die Freigrenze von 256 € im Kalenderjahr überschritten ist (§ 22 Nr. 3 Satz 2).

Verluste sind nicht unbeschränkt ausgleichsfähig, mindern aber etwaige Einkünfte aus § 22 Nr. 3 des Vorjahres bzw. künftiger Jahre (§ 22 Nr. 3 Sätze 3 und 4).

Übersicht 10: Sonstige Einkünfte

Zu den sonstigen Einkünften gehören insbesondere

Wiederkehrende Bezüge	Alterseinkünfte	Gewinne aus privaten Veräußerungsgeschäften	Einkünfte aus sonstigen Leistungen
z.B. Unterhaltsrenten	Renten aus gesetzl./privaten Versicherungen/ berufsständischen Versorgungswerken/Rürup-Rente	Veräußerung innerhalb von 10 Jahren (Grundstücke) bzw. 1 Jahr (andere Wirtschaftsgüter) des Privatvermögens	z.B. Einkünfte aus gelegentlichen Vermittlungen/aus der Vermietung beweglicher Gegenstände

Lektion 9: Sonderprobleme

Im Folgenden erfahren Sie etwas über gewerblichen Grundstückshandel, verdeckte Gewinnausschüttung, Personengesellschaften, Betriebsaufspaltungen und den Erbfall.

Gewerblicher Grundstückshandel

Fall 42
H hat innerhalb eines Zeitraumes von fünf Jahren vier Grundstücke erworben und wieder veräußert. H hat die Befürchtung, dass die von ihm erzielten Gewinne Einkünfte aus Gewerbebetrieb sind. Sind seine Bedenken berechtigt?

Wenn

▶ **mehr als dreimal**
 = „Drei-Objekt-Grenze"

▶ **jeweils innerhalb eines engen zeitlichen Zusammenhanges**
 = Zeitraum zwischen Anschaffung/Errichtung und Veräußerung nicht größer als fünf Jahre

▶ **ein Objekt angeschafft und wieder veräußert wird**
 = Taugliche Objekte sind: Ein- oder Mehrfamilienhäuser, Eigentumswohnungen (auch Miteigentumsanteile an diesen Objekten), Anteile an grundbesitzverwaltenden Personen- und Kapitalgesellschaften („gewerblicher Anteilshandel")
 keine tauglichen Objekte sind: „Zubehör"-Räume, Garagen

liegt nach der „Drei-Objekt-Grenze" Rechtsprechung des BFH gewerblicher Grundstückshandel vor. Der BFH sieht diese Merkmale als „Indiz" dafür an, dass von Anfang an bei Erwerb/Bau zumindest eine bedingte Veräußerungsabsicht bestanden hat und damit die Ausnutzung der Substanzwertsteigerung in den Vordergrund tritt. Die Grenze privater Vermögensverwaltung ist überschritten.

H hat damit Recht mit seiner Befürchtung. Er hat die Gewinne als Einkünfte aus Gewerbebetrieb zu versteuern, wobei sich die Gewinne wie folgt ermitteln:

    Veräußerungspreis
- Anschaffungskosten
- <u>Anschaffungsnebenkosten</u>
    Veräußerungsgewinn

Dies gilt nicht nur für das vierte Objekt, sondern auch für die ersten drei.

Was wäre, wenn H die Objekte zuerst vermietet hätte und die Veräußerungen dann lediglich aufgrund schlechter Vermietbarkeit erfolgten?

Nach dem BFH gilt die Indizwirkung für die zumindest bedingte Veräußerungsabsicht auch bei ursprünglich anderer Nutzungsabsicht (z.B. Vermietung). Zwar ist die Indizwirkung widerlegbar, jedoch nicht bei Verkauf wegen schlechter Vermietbarkeit, Finanzierungsschwierigkeiten, unvorhergesehener Notsituation oder Scheidung.

Fall 43

Der Fall des H in Sachen „gewerblicher Grundstückshandel" lässt die Bauwütigen in seiner Umgebung aufhorchen. Sie zählen „ihre Objekte" und kommen zu folgenden Ergebnissen:
Makler und Bauunternehmer B hat zwar „früher mal" die Drei-Objekt-Grenze überschritten, das nächste Objekt jedoch erst nach Ablauf von fünf Jahren veräußert.
Der C hat ein noch zu bebauendes Grundstück vor Errichtung des Gebäudes veräußert.
Der D hat ein nach Wünschen des Erwerbers zu bebauendes Grundstück veräußert.
Der E hat einen Supermarkt und ein Einkaufszentrum errichtet und innerhalb von fünf Jahren veräußert.
Alle sind der Meinung, dass sie die Gefahr des gewerblichen Grundstückshandels nicht trifft, da sie sich ja an die Kriterien der Drei-Objekt-Grenze gehalten haben. Stimmt das?

Nein, denn die Drei-Objekt-Grenze ist keine „Freigrenze", es können auch bei der Veräußerung von weniger als vier Objekten (sogar schon ab dem ersten) besondere Umstände auf eine gewerbliche Tätigkeit hindeuten:

Alle Beteiligten verhalten sich hier nicht wie klassische private Vermögensverwalter, sondern entsprechend gewerblicher Gepflogenheiten, sodass alle Umstände auf eine gewerbliche Betätigung hindeuten.

> ## Leitsatz 9
> **Gewerblicher Grundstückshandel**
>
> Tatbestandsmerkmale des gewerblichen Grundstückshandels
> - mehr als dreimal (**Drei-Objekt-Grenze**) – keine Freigrenze!
> - wird jeweils innerhalb eines engen zeitlichen Zusammenhanges (**nicht länger als fünf Jahre**)
> - ein Objekt **angeschafft** und wieder **veräußert**
>
> Folge: **keine private Vermögensverwaltung mehr**, sondern Einkünfte aus Gewerbebetrieb

Verdeckte Gewinnausschüttung

Fall 44

A, B und C sind Gesellschafter der ABC-GmbH. Die Gesellschafter sind in unterschiedlicher Höhe an der GmbH beteiligt:

- Gesellschafter A hält seinen 51%-Anteil im Betriebsvermögen seines Gewerbebetriebs. Er gewährt der GmbH ein Darlehen und erhält hierfür Zinsen

- Gesellschafter B hält seinen 10%-Anteil im Privatvermögen. Er vermietet ein Objekt an die GmbH

- Gesellschafter-Geschäftsführer C hält seinen 15%-Anteil im Privatvermögen. Er erhält von der GmbH Tantiemen für seine Geschäftsführertätigkeit.

Da die drei von der Thematik der „verdeckten Gewinnausschüttung" gehört haben, möchten sie von Ihnen gerne etwas hierzu erfahren.

Können Sie ihnen die Grundlagen darstellen und Beispiele nennen? Was sind die Rechtsfolgen?

Im Verhältnis zwischen Gesellschaft und Gesellschafter gibt es oft gleichgerichtete Interessen, was zur Folge haben kann, dass ein Wertfluss zwischen beiden Seiten seine Ursache allein im Gesellschaftsverhältnis hat und nicht auf gleichwertigem Leistungsaustausch beruht. Es ist deshalb wie folgt zu differenzieren:

▶ Grundsätzlich ist ein Wertfluss zwischen Gesellschaft und Gesellschafter Leistungsaustausch. Für die Gesellschaft handelt es sich dann um Betriebsausgaben, für den Gesellschafter um einen Zufluss wie von einem fremden Dritten.

▶ Liegt jedoch die Ursache des Wertflusses im Gesellschaftsverhältnis, liegt verdeckte Gewinnausschüttung vor.

Die Kriterien der verdeckten Gewinnausschüttung sind aus Sicht der Kapitalgesellschaft zu bestimmen:

▶ Eine Vermögensminderung oder verhinderte Vermögensmehrung

▶ die durch das Gesellschaftsverhältnis veranlasst ist

▶ sich auf den Gewinn der Gesellschaft auswirkt

▶ nicht auf einem den gesellschaftsrechtlichen Vorschriften entsprechenden Gewinnverteilungsbeschluss beruht.

Entscheidend ist, ob ein ordentlicher und gewissenhafter Geschäftsleiter die Vermögensvorteile einer Person, die nicht Gesellschafter ist, unter den gleichen Umständen nicht zugewendet hätte (Fremdvergleich).

Für A, der zu mehr als 50 % an der GmbH beteiligt ist und dadurch die Willensbildung der GmbH maßgeblich kontrollieren kann, gelten als „beherrschendem Gesellschafter" verschärfte Maßstäbe. Eine verdeckte Gewinnausschüttung an ihn liegt schon dann vor, wenn

▶ er etwas von der Gesellschaft erhalten hat

▶ was nicht im Vorhinein klar und eindeutig vereinbart wurde. Rückwirkende Vereinbarungen sind unzulässig!

Folgende Fälle der verdeckten Gewinnausschüttung sind in Praxis – und Klausur – häufig zu finden:

▶ Gesellschafter/Geschäftsführer erhält unangemessen hohes Gehalt/Pensionszusage/Tantieme bzw. er erhöht in angemessenem Rahmen rückwirkend sein Gehalt oder „genehmigt" sich nachträglich eine Tantieme

▶ Gesellschafter erhält von Gesellschaft zinsloses/-günstiges Darlehen bzw. Gesellschaft nimmt beim Gesellschafter Darlehen zum überhöhten Zinssatz auf

▶ Gesellschafter/naher Angehöriger erhält Waren umsonst/zum Vorzugspreis von Gesellschaft bzw. Gesellschaft bezieht überteuerte Waren beim Gesellschafter.

Wenn nun eine verdeckte Gewinnausschüttung vorliegt, treten diese Rechtsfolgen ein:

▶ Das Einkommen der Gesellschaft darf durch die verdeckte Gewinnausschüttung nicht gemindert werden (§ 8 Abs. 3 Satz 2 KStG).

▶ Die Einkünfte der Gesellschafter werden allesamt umqualifiziert.

Wie diese Umqualifizierung zu erfolgen hat, das hängt davon ab, ob die Beteiligungen von den Gesellschaftern im Privatvermögen oder im Betriebsvermögen gehalten werden.

▶ Wird die Beteiligung – wie von Gesellschafter und Darlehensgeber A – im Betriebsvermögen eines Gewerbebetriebes gehalten, erfolgt eine Umqualifizierung in Einkünfte aus Gewerbebetrieb (§ 20 Abs. 1 Nr. 1 Satz 2 i.V.m. Abs. 8, § 15).

Für diese gilt grundsätzlich das Teileinkünfteverfahren (§ 3 Nr. 40 Satz 1 Buchstabe d Satz 1 i.V.m. § 3 Nr. 40 Satz 2), es sind also 60 % der Einnahmen steuerpflichtig und 40 % steuerfrei.

Dies jedoch nur dann, **wenn** durch die verdeckte Gewinnausschüttung das Einkommen der leistenden ABC-GmbH nicht gemindert wurde (§ 3 Nr. 40 Satz 1 Buchstabe d Satz 2).

Anderenfalls sind die Einnahmen vom Leistungsempfänger A voll zu versteuern.

▶ Wird die Beteiligung im Privatvermögen gehalten, erfolgt eine Umqualifizierung in Einkünfte aus Kapitalvermögen (§ 20 Abs. 1 Nr. 1 Satz 2).

Dies betrifft sowohl B's ursprüngliche Vermietungseinkünfte als auch C's ursprüngliche Einkünfte aus nichtselbständiger Arbeit.

Für diese gelten dann unterschiedliche Besteuerungsmethoden:

- das Teileinkünfteverfahren (§ 3 Nr. 40 Satz 1 Buchstabe d Satz 1, § 32d Abs. 2 Nr. 3 Satz 2) bei einer Beteiligung von

  – mindestens 25% (§ 32d Abs. 2 Nr. 3 Satz 1 Buchstabe a)

  – mindestens 1% bei beruflicher Tätigkeit des Gesellschafters für die Kapitalgesellschaft mit der Möglichkeit, hierdurch maßgeblichen unternehmerischen Einfluss auf deren wirtschaftliche Tätigkeit zu nehmen (§ 32d Abs. 2 Nr. 3 Satz 1 Buchstabe b)

    Letzteres trifft auf Gesellschafter-Geschäftsführer C mit seinem 15%-Anteil zu.

  Auch hier gilt jedoch, dass die verdeckte Gewinnausschüttung das Einkommen der leistenden L-GmbH nicht gemindert haben darf.

- in allen anderen Fällen das Abgeltungsverfahren (§ 32d Abs. 1)

  Hierunter fällt dann Gesellschafter B mit seinem 10%-Anteil.

Übrigens: Erklärungen zu den Auswirkungen der vGA auf die ausschüttende Gesellschaft sowie auf Gesellschafter, die keine „natürlichen Personen" sind, finden Sie in „*KStG – leicht gemacht©*" von Annette Warsönke.

Lektion 9: Sonderprobleme 75

Übersicht 11: Verdeckte Gewinnausschüttung (vGA)

Im Folgenden eine zusammenfassende Darstellung der besprochenen **Kriterien** einer verdeckten Gewinnausschüttung

jeder Gesellschafter	zusätzlich bei beherrschendem Gesellschafter
– Vermögensminderung/verhinderte Vermögensmehrung – durch das Gesellschaftsverhältnis veranlasst – Auswirkung auf Gewinn der Gesellschaft – kein gesellschaftsrechtlich ordnungsgemäßer Gewinnverteilungsbeschluss – Fremdvergleich!!!	– Nicht im Vorhinein klar und eindeutig vereinbart

Rechtsfolge:
– vGA darf Gewinn der Gesellschaft nicht mindern
– Die Einkünfte der Gesellschafter werden umqualifiziert

Personengesellschaften

Fall 45

Die Gesellschafter der DEF-KG wundern sich. Nicht die KG bekommt einen Einkommensteuerbescheid, sondern jeder Gesellschafter. Hat sich das Finanzamt geirrt?

Bei Personengesellschaften wie der KG (einer GbR oder oHG) ist nicht die Gesellschaft selbst Einkommensteuersubjekt. Sie erzielt zwar die Gewinn- oder Überschusseinkünfte und stellt ihre eigene Bilanz oder Überschussrechnung auf. Einkommensteuersubjekte sind jedoch die Mitglieder der Personengesellschaft, sodass kein Irrtum des Finanzamtes vorliegt.

So ist das also, sagen sich die Gesellschafter. Und wie soll dabei die Einkunftsermittlung funktionieren?

Die Ermittlung von Gewinn/Überschuss erfolgt in zwei Stufen:

▶ **1. Stufe: Tätigkeitsebene**:
Ermittlung, ob und ggf. welche Einkünfte die Gesellschaft erzielt.

▶ **2. Stufe: Zurechnungsebene**:
Zurechnung der Einkünfte auf den/die dahinter stehenden Gesellschafter.

Fall 46
L hat als Gesellschafter der LMN-KG Stimm-, Kontroll- und Widerspruchsrechte und ist am laufenden Gewinn- und Verlust sowie an den stillen Reserven (auch bei vorzeitigem Ausscheiden beteiligt). Ihm sind im laufenden Jahr Zahlungen der Gesellschaft zugeflossen, die er in seiner Steuererklärung wie folgt ansetzen möchte:
30.000 € Gewinnanteil als Einkünfte aus Gewerbebetrieb
24.000 € Geschäftsführergehalt als Einkünfte aus nichtselbständiger Arbeit
12.000 € Miete für ein an die Gesellschaft vermietetes Büro als Einkünfte aus Vermietung und Verpachtung
 6.000 € Darlehenszinsen für ein von ihm an die KG gewährtes Gesellschafterdarlehen als Einkünfte aus Kapitalvermögen.
Er fragt sich nun, was das für ihn für steuerliche Konsequenzen hat. Ist er als Mitunternehmer zu behandeln? Wie sind die Einkünfte anzusetzen? Gelten diese Konsequenzen für alle Personengesellschaften?

Für **Mitunternehmerschaft** sind sowohl Mitunternehmerrisiko als auch Mitunternehmerinitiative notwendig.

▶ **Mitunternehmerinitiative**:
Teilhabe an unternehmerischen Entscheidungen,
Mindestanforderungen (vgl. §§ 164, 166 HGB):

- Stimmrecht

- Kontrollrecht

- Widerspruchsrecht.

▶ **Mitunternehmerrisiko**:

Teilhabe am Erfolg oder Misserfolg der Gesellschaft, Mindestanforderungen: Beteiligung

- am laufenden Gewinn

- am laufenden Verlust

- an den stillen Reserven (auch bei vorzeitigem Ausscheiden).

Beide Voraussetzungen müssen gleichzeitig vorliegen, wobei die Merkmale jedoch unterschiedlich stark ausgeprägt sein können.

Die gesellschaftsrechtliche Situation ist starkes Indiz, nicht jedoch Beweis für die Mitunternehmerschaft.

Unser Gesellschafter L, welcher sowohl volles Mitbestimmungsrecht als auch volle Beteiligungsrechte- und Pflichten hat, ist folglich Mitunternehmer der LMN-KG.

Zu „seinen" Einkünften aus Gewerbebetrieb zählen nicht nur „sein" Gewinnanteil aus der KG, sondern auch die Vorwegvergütungen, die er von der Gesellschaft erhalten hat. Die Vorwegvergütungen sind für ihn nunmehr keine Einkünfte aus unselbständiger Arbeit, Vermietung und Verpachtung bzw. Zinseinkünfte mehr, sondern diese werden umqualifiziert in Einkünfte aus Gewerbebetrieb (§ 15 Abs. 1 Satz 1 Nr. 2 Satz 1).

Er hat damit folgende Rechnung aufzustellen:

```
   30.000 € Gewinnanteil
+  24.000 € Geschäftsführervergütung
+  12.000 € Mietzinsen
+   6.000 € Darlehenszinsen
   72.000 € Einkünfte aus Gewerbebetrieb
```

Die Einkünfte unterliegen der Gewerbesteuer, es gibt keine Sonderfreibeträge für Überschusseinkünfte (weder Arbeitnehmerpauschbetrag noch Sparerfreibetrag). Auch dienen die der Gesellschaft überlassenen Wirtschaftsgüter betrieblichen Zwecken und sind damit Betriebsvermögen mit der Konsequenz, dass Wertsteigerungen der Besteuerung unterliegen.

Wichtig ist noch, dass § 15 Abs. 1 Satz 1 Nr. 2 Satz 1 nicht bei vermögensverwaltenden Personengesellschaften gilt.

(Näheres zu den vermögensverwaltenden Personengesellschaften erfahren Sie in Fall 49)

Fall 47
P ist Gesellschafter (Mitunternehmer) der OPQ-oHG. Diese wiederum ist Gesellschafterin (Mitunternehmerin) der RST-KG. P möchte nun von Ihnen wissen, wie die Gewinnanteile und die von den Gesellschaften an ihn gezahlten Vergütungen steuerlich zu behandeln sind. Helfen Sie P, die Antwort im Gesetz zu finden.

Der in Fall 47 besprochene § 15 Abs. 1 Satz 1 Nr. 2 Satz 1 ist hier nicht einschlägig, da seitens P keine unmittelbare Beteiligung an der RST-KG vorliegt. Er ist vielmehr nur mittelbar über die OPQ-oHG (Obergesellschaft) an der RST-KG (Untergesellschaft) beteiligt.

Über § 15 Abs. 1 Satz 1 Nr. 2 Satz 2 wird P jedoch bei der hier vorliegenden „doppelstöckigen Mitunternehmerschaft" als Mitunternehmer der RST-KG behandelt. Das bedeutet für ihn Folgendes:

▶ Gewinnanteile
Zwischengesellschaft: die Gewinnanteile der OPQ-oHG werden ihm über § 15 Abs. 1 Satz 1 Nr. 2 Satz 1 als unmittelbaren Gesellschafter zugerechnet.
Untergesellschaft: da P handelsrechtlich nicht an der Untergesellschaft beteiligt ist (sondern nur an der Obergesellschaft), werden ihm die Gewinnanteile der RST-KG nicht zugerechnet.

▶ Vergütungen
Die Vergütung der Obergesellschaft OPQ-oHG ist gemäß § 15 Abs. 1 Satz 1 Nr. 2 Satz 1 gewerbliche Einkunft.
Die Vergütung der Untergesellschaft RST-KG wird P als Einkünfte aus Gewerbebetrieb über § 15 Abs. 1 Satz 1 Nr. 2 Satz 2 zugerechnet.

Fall 48
Die GHI-Architekten-KG übt nicht nur Architekten-Tätigkeit aus, sondern sie betreibt auch ein Maklerbüro. Welche Einkünfte erzielt sie?

Da die Personengesellschaft im Rahmen des Maklerbüros auch gewerblich tätig ist, wandelt sich ihre gesamte Tätigkeit in eine gewerbliche um, somit auch die Architekten-Tätigkeit, welche sonst unter § 18 fällt. Die KG erzielt damit vollumfänglich Einkünfte aus Gewerbebetrieb (§ 15 Abs. 3 Nr. 1) („Abfärbe- oder Infektionstheorie").

Wie verhält es sich bei der ABC-Architekten-KG, die rein im Architektenbereich tätig ist, bei der jedoch keine natürliche Person als Komplementär persönlich haftet und nur Kapitalgesellschaften bzw. Nicht-Gesellschafter zur Geschäftsführung befugt sind?

Bei der ABC-Architekten-KG handelt es sich um eine gewerblich geprägte Personengesellschaft, welche Einkünfte aus Gewerbebetrieb erzielt (§ 15 Abs. 3 Nr. 2).

Fall 49

Die Immo-KG vermietet ein gewerbliches Großobjekt, die Hausgemeinschaft-GbR ein Einfamilienhaus. Welche Einkünfte erzielen sie?

Das sich beide Personengesellschaften auf die Erzielung rein vermögensverwaltender Einkünfte beschränken, erzielen sowohl der (geschlossene) Immobilienfonds als auch die Gebäudemiteigentümer-GbR jeweils Einkünfte aus Vermietung und Verpachtung (§ 21 Abs. 1 Satz 1 Nr. 1).

Und wie verhält es sich mit der Kapitalanlagen-oHG, die Kapitalanlagen der beteiligten Gesellschafter verwaltet?

Diese erzielt als rein vermögensverwaltende Personengesellschaft Einkünfte aus Kapitalvermögen (§ 20 Abs. 1).

Ändert sich an den obigen rechtlichen Wertungen etwas, wenn die oHG oder KG im Handelsregister eingetragen sind?

Beide rein vermögensverwaltenden Personengesellschaften betreiben handelsrechtlich ein kaufmännisches Gewerbe (§§ 105 Abs. 2, 161 HGB) und sind damit ins Handelsregister einzutragen.

Da sie jedoch steuerrechtlich mangels gewerblicher Einkünfte (nach § 15 Abs. 2) nicht unter § 15 Abs. 1 Satz 1 Nr. 2 fallen, ändert sich an obiger Beurteilung auch durch die Handelsregistereintragung nichts.

Die Mitglieder der Ihnen aus dem vorangegangenen Fall bekannten ABC-Architekten-KG fragen sich, ob dies für sie auch gelten würde, wenn sie sich rein auf die Vermietung architektonisch anspruchsvoller Gebäude spezialisieren würden. Würden auch sie dann Einkünfte aus Vermietung und Verpachtung erzielen?

Nein, denn aufgrund ihrer gewerblichen Prägung erzielt die ABC-Architekten-KG auch im Falle bloßer Vermögensverwaltung gewerbliche Einkünfte (§ 15 Abs. 3 Nr. 2).

Leitsatz 10

Personengesellschaften

Bei Personengesellschaften werden zwar die Einkünfte auf der Ebene der Gesellschaft ermittelt (**Tätigkeitsebene** – 1. Stufe), die Einkünfte werden jedoch den Gesellschaftern zugerechnet (**Zurechnungsebene** – 2. Stufe).

Insbesondere folgende Problemfelder sind zu beachten:

– **Mitunternehmerschaften** (Mitunternehmerinitiative und Mitunternehmerrisiko)

– Doppelstöckige Mitunternehmerschaften

– **Gewerblich geprägte** Personengesellschaft (Abfärbe- oder Infektionstheorie)

– Rein **vermögensverwaltende** Personengesellschaften

Betriebsaufspaltung

 Fall 50

K und A sind Gesellschafter der LC-GmbH, welche besonders geländegängige Fahrzeuge herstellt. K ist zu 75%, A zu 25% beteiligt. K vermietet ferner ein Fabrikgebäude an die GmbH. K fragt sich, ob er durch diese Vermietung Einkünfte aus Vermietung und Verpachtung (§ 21) oder gewerbliche Einkünfte (§ 15) erzielt. Weiterhin möchte er wissen, ob das Fabrikgebäude in seinem Privatvermögen verbleibt oder Betriebsvermögen wird. Wie lautet Ihre Antwort?

Wenn sowohl sachliche als auch personelle Verflechtung besteht, läge eine „Betriebsaufspaltung" in ein Besitzunternehmen und ein Betriebsunternehmen vor.

Dieses Institut wurde von der Rechtsprechung geschaffen, da § 15 Abs. 1 Satz 1 Nr. 2 nur für Personen-, nicht aber für Kapitalgesellschaften gilt. Ohne „Betriebsaufspaltung" wäre es daher möglich, das vermietete/verpachtete Objekt im Privatvermögen zu belassen und damit einer Besteuerung der Wertsteigerung zu entgehen. Ferner wären die Miet-/ Pachteinnahmen nicht gewerbliche Einkünfte, sondern solche aus Vermietung und Verpachtung.

▶ Sachliche Verflechtung:
Das Besitzunternehmen (K) vermietet/verpachtet zumindest eine wesentliche Betriebsgrundlage (Fabrikgebäude) an das Betriebsunternehmen (LC-GmbH).

Wesentliche Betriebsgrundlage: ist ein Wirtschaftsgut, das zur Erreichung des Betriebszwecks erforderlich ist und ein besonderes wirtschaftliches Gewicht besitzt (hier die Fabrikhalle).

▶ Personelle Verflechtung:
Beide Unternehmen werden von einem einheitlichen geschäftlichen Betätigungswillen getragen. Dieselbe Person (K)/Personengruppe kann ihren Willen sowohl im Besitzunternehmen als auch im Betriebsunternehmen durchsetzen. Die personelle Verflechtung gibt es in folgenden Formen:

- Beteiligungsidentität. An beiden Unternehmen ist/sind dieselbe(n) Person(en) im gleichen Verhältnis beteiligt. Dies ist hier nicht der Fall, da nur K sowohl an dem Betriebs-, als auch dem Besitzunternehmen beteiligt ist.

- Beherrschungsidentität: Die Person/Personengruppe, die das Besitzunternehmen beherrscht, kann auch im Betriebsunternehmen ihren Willen durchsetzen. K kann dies sowohl als „Alleinherrscher" des Einzelunternehmens (Besitzunternehmen), als auch als beherrschender Gesellschafter (75%) der LC-GmbH (Betriebsunternehmen).

Beachte: Ehegattenanteile/Anteile von Lebenspartnern
(§ 2 Abs. 8) sind nicht automatisch wegen gleichgerichteter
Interessen zusammenzuzählen. Hier müssen besondere Merkmale
hinzukommen, z.B. eine Ehegatten-GbR/Lebenspartner-GbR.

Da seitens K somit sowohl personelle als auch sachliche Verflechtung
vorliegt, handelt es sich um eine Betriebsaufspaltung. Dies hat zur Folge,
dass aus der an sich vermögensverwaltenden Vermietung/Verpachtung ein gewerblicher Vorgang wird. Das dem Betriebsunternehmen
(LC-GmbH) überlassene Wirtschaftsgut (Fabrikhalle) wird dadurch Betriebsvermögen des Besitzunternehmens (K), die Einkünfte (Mietzinsen)
des Gesellschafters K werden in gewerbliche Einkünfte umqualifiziert.

Leitsatz 11

Betriebsaufspaltung

Voraussetzung für die Betriebsaufspaltung in ein Besitz- und ein
Betriebsunternehmen ist **sachliche Verflechtung** (gemeinsame
wesentliche Betriebsgrundlage) und **personelle Verflechtung**
(Beteiligungs- und Beherrschungsidentität).

Die Betriebsaufspaltung führt zur **Umqualifizierung** in gewerbliche Einkünfte.

Erbfall

 Fall 51

M, S und T haben geerbt und zwar M zu ½ und S und T jeweils zu ¼.
Der Verstorbene V („Erblasser") hatte einen Baubetrieb und vermietete
mehrere Häuser. M, S und T wollen nunmehr von Ihnen wissen, ob sich
einkommensteuerlich „irgendwelche Folgen" für sie ergeben. Stellen Sie
diese bitte „grob" dar. Hinweis: Die Besteuerung der stillen Reserven ist
im vorliegenden Fall sichergestellt.

Der Erbfall als solcher ist ein ertragsteuerlich neutraler Rechtsvorgang.
Die Erben M, S und T treten in die Rechtsposition des Erblassers V ein
(§ 1922 BGB, § 45 AO), wobei sie, da die Besteuerung der stillen Reserven sichergestellt ist, dessen Werte übernehmen (§ 6 Abs. 3 EStG, § 11d
EStDV). Im Einzelnen:

- Die Erbengemeinschaft M, S und T übernimmt das Vermögen des V zur gesamten Hand und verfügt gesamthänderisch jeweils über Privat- und Betriebsvermögen.

- Da Erblasser V mit seinem Baubetrieb Gewinneinkünfte erzielte, sind die Erben M, S und T Mitunternehmer. Sie tragen Mitunternehmerrisiko, da das Unternehmen nunmehr auf ihre Rechnung und Gefahr geführt wird und haben aufgrund ihrer erbrechtlichen Mitwirkungsrechte auch ausreichend Mitunternehmerinitiative. Zwar ist die Erbengemeinschaft keine Gesellschaft bürgerlichen Rechts gem. § 705 BGB, sie ist mit dieser jedoch wirtschaftlich vergleichbar. Somit ist § 15 Abs. 3 Nr. 1 anwendbar.

- Hinsichtlich der von V erzielten Überschusseinkünfte aus Vermietung und Verpachtung wird die Erbengemeinschaft M, S und T wie eine Bruchteilsgemeinschaft behandelt.

- Der jeweilige Gewinn- und Überschussanteil von M, S und T bemisst sich nach deren Erbteilen, sodass M ½, S und T jeweils ¼ erhalten.

Fall 52

Nunmehr wollen die drei Erben wissen, was einkommensteuerrechtlich passiert, falls sie die Erbengemeinschaft beenden. Hierfür denken sie an zwei Varianten:
In Variante 1 soll eine Aufteilung dahingehend erfolgen, dass T das Bauunternehmen (Wert 1.000.000 €) erhält, S die Mietshäuser (Wert 900.000 €) und M die übrigen Vermögensgegenstände (Wert 250.000 €). Hiermit sollen alle Ansprüche der Erben abgegolten sein.
In Variante 2 soll T dem S eine Abfindung von 100.000 € zahlen.

In Variante 1 erfolgt eine Aufteilung des Erbes nach Wirtschaftsgütern. Bei dieser Realteilung liegt unentgeltlicher Erwerb vor. Die Erben M, S und T übernehmen, da die Besteuerung der stillen Reserven sichergestellt ist, die jeweiligen Werte nach § 6 Abs. 3 EStG, § 11d EStDV, es entsteht kein steuerbarer Veräußerungsgewinn.

Wenn dagegen, wie in Variante 2, Abfindungen geleistet werden, handelt es sich insoweit um einen entgeltlichen Vorgang. Die Erbteile werden angeschafft (durch T) bzw. veräußert (durch S). Hinsichtlich des

Betriebsvermögens des Bauunternehmens liegen steuerbare Einkünfte des Veräußerers S in Höhe von 100.000 € vor, bei der Erwerberin T Anschaffungskosten in gleicher Höhe.

Zu beachten ist, dass für die Aufteilung auf mehrere Wirtschaftsgüter bzw. für das Verhältnis entgeltlicher – unentgeltlicher Übergang bindend die Verkehrswerte zugrunde zu legen sind.

Leitsatz 12

Erbfall

Mit dem Erbfall treten die Erben in die Rechtsposition des Erblassers ein (**Alleinerbe** oder **Erbengemeinschaft**).

Erfolgt die **Beendigung** der Erbengemeinschaft durch **Realteilung** nach Wirtschaftsgütern ohne Abfindung, entsteht kein steuerbarer Veräußerungsgewinn. Wird eine **Abfindung** gezahlt, entstehen steuerbarer Veräußerungsgewinn bzw. Anschaffungskosten in Höhe der Abfindung.

IV. Einkunftsermittlung

Nachdem Sie Grundlegendes zu den einzelnen Einkunftsarten erfahren haben, kommen wir nunmehr zur Ermittlung der Einkünfte.

Für die Einkunftsermittlung gibt es im EStG zahlreiche Regelungen, welche sich an der Art der Einkünfte (Gewinneinkünfte/Überschusseinkünfte) und an der Art der Gewinnermittlung (Betriebsvermögensvergleich/Einnahmenüberschussrechnung) orientieren.

Lektion 10: Grundsätze der Einkunftsermittlung bei Gewinneinkünften

In der folgenden Lektion wird die Einkunftsermittlung im Bereich der Gewinneinkünfte (Land- und Forstwirtschaft, Gewerbebetrieb, selbständige Arbeit) (§ 2 Abs. 2 Satz 1 Nr. 1) dargestellt.

Methoden der Gewinnermittlung

Fall 53
Steuerberater B hat viele Mandanten, die Gewinneinkünfte erzielen. Er ist gerade dabei, diese Mandanten in Gruppen einzuteilen. Kriterium hierbei ist für ihn die anzuwendende Methode der Gewinnermittlung, nämlich Bilanzierung oder Einnahmenüberschussrechnung. Wie wird er an diese Aufgabe herangehen?

Der Gewinn wird nicht einfach irgendwie „Pi mal Daumen" ermittelt.

Generalnorm der Gewinnermittlung bei Gewinneinkünften ist § 4 Abs. 1 (Bilanzierung), das Gesetz hält jedoch für bestimmte Fälle Spezialnormen bereit.

Die Art der Einkunftsermittlung (Bilanzierung oder Einnahmenüberschussrechnung) ist dabei insbesondere von den Faktoren „Art des Unternehmens" und „Buchführung" abhängig.

▶ Buchführende Gewerbetreibende, die als Vollkaufleute oder Handelsgesellschaften (§ 238 HGB, § 140 AO) oder sonst nach § 141 AO buchführungspflichtig sind bzw. die freiwillig Bücher führen. Diese ermitteln den Gewinn nach der Spezialnorm § 5 i.V.m. § 4 Abs. 1 durch Betriebsvermögensvergleich (Bilanz).

▶ Nicht buchführende § 13a-Landwirte. Diese ermitteln den Gewinn nach der Spezialnorm des § 13a nach Durchschnittssätzen.

▶ Nicht buchführende Kleingewerbetreibende, Freiberufler, Landwirte, die nicht unter § 13a fallen. Diese ermitteln den Gewinn nach der Spezialnorm § 4 Abs. 3 (Einnahmenüberschussrechnung).

▶ Buchführungspflichtige Land- und Forstwirte sowie freiwillig buchführende Land- und Forstwirte und Freiberufler ermitteln den Gewinn nach der Generalnorm des § 4 Abs. 1 (Bilanz).

Übersicht 12: Gewinnermittlung § 2 Abs. 2 Satz 1 Nr. 1

Grundsätzlich: Bilanzierung nach § 4 Abs. 1		
Ausnahme, es greifen **Spezialnormen** nach:		
§ 5 Abs. 1 **Sondervorschriften** der Bilanzierung	§ 4 Abs. 3 **Einnahmenüberschussrechnung**	§ 13a **Durchschnittssatzbesteuerung**

Systematik des Betriebsvermögensvergleichs

Fall 54

Als der Steuerpflichtige K erfährt, dass er mit seinem Gewerbebetrieb bilanzierungspflichtig ist, möchte er von seinem Steuerberater B wissen, wie das zu geschehen hat und was hierbei zu beachten ist. Er möchte zuerst die Grundsystematik des Betriebsvermögensvergleichs erläutert bekommen. Helfen Sie B bei seinen Erklärungen, indem Sie das Gesetz zur Hand nehmen und die Vorschriften mit verfolgen.

Die Grundsystematik der Gewinnermittlung (§ 2 Abs. 2 Satz 1 Nr. 1) durch Betriebsvermögensvergleich ergibt sich aus dem Gesetz (§ 4 Abs. 1) nach folgender Formel:

```
  Betriebsvermögen am Ende des Jahres
− Betriebsvermögen am Ende des Vorjahres
  Betriebsvermögensmehrung/-minderung
+ Entnahmen (aus dem Betrieb)
− Einlagen (in den Betrieb)
  Gewinn nach § 4 Abs. 1
```

Das Betriebsvermögen (Eigenkapital) ist dabei der Unterschiedsbetrag zwischen den Aktivposten = Vermögensgegenständen (Anlagevermögen und Umlaufvermögen) und den Passivposten = Schulden (Fremdkapital) der Bilanz.

Einzelheiten zum Bilanzaufbau und den Bilanzposten erfahren Sie in Lektion 13.

Betriebsvermögen oder Privatvermögen?

Fall 55
K hat ein grünes Auto, welches er zu mehr als 50% betrieblich nutzt, ferner ein gelbes, welches er hin und wieder mal im Betrieb verwendet und schließlich ein rotes, welches er zu mindestens 90% für Privatfahrten nutzt. Was, fragt K den B, gehört denn nun eigentlich zum Betriebsvermögen und welches Vermögen gibt es sonst noch?

Es gibt notwendiges und gewillkürtes Betriebsvermögen, sowie notwendiges Privatvermögen.

▶ Ein Wirtschaftsgut ist dann notwendiges Betriebsvermögen, wenn es ausschließlich und unmittelbar für eigenbetriebliche Zwecke des Steuerpflichtigen genutzt wird oder dazu bestimmt ist. Voraussetzung ist eine mindestens 50% betriebliche Nutzung. Dies ist bei K's grünem Auto der Fall.

▶ Ein Wirtschaftsgut ist dann **notwendiges Privatvermögen**, wenn es **zu mehr als 90 % privat genutzt** wird, so wie bei K's rotem Auto.

▶ Da K's gelbes Auto weder zum notwendigen Betriebsvermögen noch zum notwendigen Privatvermögen gehört, kann er es dem **gewillkürten Betriebsvermögen** zuordnen. Eine solche Zuordnung ist möglich, wenn die **betriebliche Nutzung zwischen mindestens 10 % und 50 %** liegt, das Wirtschaftsgut in einem gewissen objektiven Zusammenhang mit dem Betrieb steht und es den Betrieb zu fördern bestimmt und geeignet ist. Da dies bei dem gelben Auto der Fall ist, kann K es als gewillkürtes Betriebsvermögen behandeln, wenn er das Wirtschaftsgut in der Bilanz ausweist.

K möchte dann noch von B wissen, ob ein Wirtschaftsgut auch mehreren Vermögensbereichen zugeordnet werden kann. Er denkt hierbei nicht nur an seine eben erwähnten Autos, sondern auch an seine Immobilien.

Für die **Zuordnung** der Wirtschaftsgüter zu einem **Vermögensbereich** ist wie folgt zu differenzieren:

▶ **Bewegliche und immaterielle Wirtschaftsgüter** sind immer vollständig einem Vermögensbereich (Betriebsvermögen oder Privatvermögen) zuzuordnen. K's Autos gehören damit entweder ins Betriebs- oder ins Privatvermögen.

▶ Bei **unbeweglichen Wirtschaftsgütern** (**Immobilien**) ist von K eine Aufteilung zwischen Gebäude (abnutzbar) und Grund und Boden (nicht abnutzbar) vorzunehmen.

▶ Das Gebäude ist darüber hinaus aufteilbar nach der Nutzung (betrieblich oder privat). Der jeweilige Grund und Boden wird, wenn keine konkrete Sondernutzung vorliegt, anteilig (quotal) nach der Gebäudenutzung zugeordnet.

Im Folgenden nun eine zusammenfassende **Übersicht** zu den Vermögensbereichen bei Wirtschaftsgütern in der Bilanz.

Übersicht 13: Vermögensbereiche bei Wirtschaftsgütern

Notwendiges Betriebsvermögen	Gewillkürtes Betriebsvermögen	Notwendiges Privatvermögen
Kriterium: **Betriebliche Nutzung**		
> 50 %	10 % – 50 % + Bilanzausweis/ gesondertes Verzeichnis	< 10 %

Die **Zuordnung** erfolgt entweder
vollständig (bewegliche und immaterielle Wirtschaftsgüter) oder
aufgeteilt (Gebäude, Grund und Boden) nach der Nutzung.

Entnahmen und Einlagen

Fall 56

K nennt B folgende Werte:
Betriebsvermögen am Schluss des Wirtschaftsjahres: 90.000 €
Betriebsvermögen am Schluss des
 vorangegangenen Wirtschaftsjahres: 60.000 €
Entnahmen im Wirtschaftsjahr: 40.000 €
Einlagen im Wirtschaftsjahr: 20.000 €
Er ist der Meinung, dass sein Gewinn damit 10.000 € (90.000 – 60.000 – 40.000 + 20.000 €) beträgt. Hat er Recht?

Hier irrt sich K, denn beim Betriebsvermögensvergleich ist der Wert der Entnahmen hinzuzurechnen und der Wert der Einlagen abzuziehen (§ 4 Abs. 1 Satz 1).

Grund hierfür ist, dass sowohl Entnahmen als auch Einlagen gewinn-neutral wirken sollen, denn:

▶ Entnahmen sind alle Wirtschaftsgüter (Barentnahmen, Waren, Erzeugnisse, Nutzungen, Leistungen), die der Steuerpflichtige für sich, für seinen Haushalt oder für andere betriebsfremde Zwecke im Laufe des Jahres entnommen hat (§ 4 Abs. 1 Satz 2). Würden die Entnahmen nicht hinzugerechnet werden, käme es zu einer Minderung des Schlusskapitals, die nicht betrieblich veranlasst ist.

▶ Einlagen liegen vor, wenn der Steuerpflichtige Wirtschaftsgüter (Bareinzahlungen, sonstige Wirtschaftsgüter) dem Betrieb im Laufe des Wirtschaftsjahres von außen (aus seinem Privatvermögen) zuführt (§ 4 Abs. 1 Satz 8). Würden die Einlagen nicht weggerechnet werden, käme es zu einer Erhöhung des Schlusskapitals, die nicht durch den Betrieb erwirtschaftet wurde.

Für K ergibt sich damit richtigerweise folgender Gewinn:

90.000 €	Betriebsvermögen Jahresende
− 60.000 €	Betriebsvermögen Vorjahresende
30.000 €	Betriebsvermögensmehrung
+ 40.000 €	Entnahmen
− 20.000 €	Einlagen
50.000 €	Gewinn

Leitsatz 13

Entnahmen und Einlagen

Entnahmen dürfen den Gewinn nicht mindern und sind deshalb hinzuzurechnen.

Einlagen dürfen den Gewinn nicht erhöhen und sind deshalb abzuziehen.

Betriebseinnahmen

 Fall 57

K sitzt an seiner Buchhaltung und hat einen Stapel von Rechnungen, Bankbelegen und Schriftverkehr vor sich. Er freut sich, denn seine Kunden haben im Geschäftsjahr gut und zuverlässig gezahlt. Ferner hat er von einem Geschäftspartner „für die gute Zusammenarbeit" ein Sachgeschenk erhalten. K möchte von Ihnen wissen, wie all dies buchhalterisch zu verwerten ist.

Betriebseinnahmen sind Zugänge in Geld oder Geldeswert.

▶ Die von K an die Kunden (Debitoren, Schuldner) gestellten Ausgangsrechnungen haben Zugänge in Geld zur Folge.

▶ Wertzugänge in Geldeswert führen zu einer objektiven Bereicherung des Empfängers K; es kann sich hier um Sacheinnahmen (z.B. Geschenke an K) handeln oder auch um Vorteile, die Gegenstand eines entgeltlichen Vertrages sein können.

Was wäre, wenn K das Geschenk von einem privaten Bekannten erhalten hätte?

Die Zugänge müssen durch den Betrieb des K veranlasst worden sein.

Betriebliche Veranlassung liegt dann vor, wenn der Wertzugang im objektiven (tatsächlichen oder wirtschaftlichen) Zusammenhang mit dem Betrieb steht. Ein solcher ist nicht gegeben, wenn der Wert dem Steuerpflichtigen auch dann zugegangen wäre, wenn er seine betriebliche Tätigkeit nicht ausgeübt hätte.
Hätte K also das Geschenk nicht von einem Geschäftspartner erhalten, sondern von einem privaten Bekannten, würde keine betriebliche Veranlassung und damit keine Betriebseinnahme vorliegen.

Betriebsausgaben (Grundsatz)

Fall 58

Jetzt beschäftigt K sich mit den Eingangsrechnungen von Lieferanten. Und Gewerbesteuer hat er auch noch gezahlt. Ihn interessiert, ob er dies alles im Grundsatz steuerlich geltend machen kann?

Betriebsausgaben sind betrieblich veranlasste Aufwendungen (§ 4 Abs. 4).

Betriebliche Veranlassung ist dann gegeben, wenn die Ausgaben im tatsächlichen oder wirtschaftlichen Zusammenhang mit dem Betrieb stehen (wie die Rechnungen der Lieferanten (Kreditoren, Gläubiger) an K).

Unerheblich für die betriebliche Veranlassung ist, ob die Aufwendungen notwendig, angemessen, üblich oder zweckmäßig sind oder ob sie einem Abzugsverbot unterliegen.

Die Gewerbesteuer ist zwar „eigentlich betriebliche Steuer", sie ist jedoch kraft Gesetzes keine Betriebsausgabe (§ 4 Abs. 5b).

Wichtig für alle Schüler und Studenten: *Aufwendungen für eine erstmalige Berufsausbildung oder ein Studium als Erstausbildung sind keine Betriebsausgaben (§ 4 Abs. 9). Sie können jedoch im Rahmen des § 10 Abs. 1 Nr. 7 als Sonderausgaben abgezogen werden. Mehr dazu in Lektion 5.*

Schuldzinsen als Betriebsausgaben

Fall 59

K durchforstet seine betrieblichen Kontoauszüge und sieht, dass er im laufenden Wirtschaftsjahr einiges an Schuldzinsen (5.000 €) an seine Bank gezahlt hat. Zwar hat er, bei einem Gewinn von 20.000 € im laufenden Wirtschaftsjahr auch einige Entnahmen (100.000 €) und Einlagen (10.000 €) getätigt, sowie in den Vorjahren 50.000 € Überentnahmen und 30.000 € Unterentnahmen.
Aber das dürfte seiner Meinung nach ja keinen Einfluss auf die Abziehbarkeit der Schuldzinsen (5.000 €) als Betriebsausgaben haben. Hat er Recht? Was wäre, wenn die Schuldzinsen der Finanzierung von Anlagevermögen dienen?

Hier irrt K, denn betriebliche Schuldzinsen dürfen dann nicht als Betriebsausgaben abgezogen werden, wenn der Steuerpflichtige Überentnahmen getätigt hat (§ 4 Abs. 4a Satz 1).

Überentnahmen liegen dann vor, wenn er mehr als die Summe der im Wirtschaftsjahr erzielten Gewinne und Einlagen entnimmt (§ 4 Abs. 4a Satz 2).

K muss damit als 1. Schritt folgende Berechnung anstellen:

100.000 €	Entnahmen
− 20.000 €	Gewinn
− 10.000 €	Einlagen
70.000 €	Überentnahmen (im Wirtschaftsjahr)

6 % der Überentnahmen im Wirtschaftsjahr werden typisiert als nichtabziehbare Schuldzinsen berechnet, wobei Über- und Unterentnahmen früherer Jahre hinzu- bzw. abzurechnen sind (§ 4 Abs. 4a Satz 3).

K muss damit als 2. Schritt rechnen:

70.000 €	Überentnahmen des laufenden Jahres	
+ 50.000 €	Überentnahmen der Vorjahre	
– 30.000 €	Unterentnahmen der Vorjahre	
90.000 €	Bemessungsgrundlage × 6 %	
= 5.400 €	rechnerische typisierte nichtabziehbare Schuldzinsen	

Als Obergrenze der nichtabziehbaren Schuldzinsen gilt jedoch der um 2.050 € verminderte Betrag der im Wirtschaftsjahr angefallenen Schuldzinsen (§ 4 Abs. 4a Satz 4).

K's 3. Rechenschritt lautet somit:

5.000 €	tatsächlich angefallene Schuldzinsen	
– 2.050 €	Minderungsbetrag	
2.950 €	Obergrenze der nichtabziehbaren Schuldzinsen	

Diese nichtabziehbaren Schuldzinsen in Höhe von 2.950 € sind dem Gewinn von 10.000 € außerbilanziell hinzuzurechnen.

Zu beachten ist noch, dass für Schuldzinsen für Darlehen zur Finanzierung von Anschaffungs- oder Herstellungskosten von Wirtschaftsgütern des Anlagevermögens das Abzugsverbot nicht gilt (§ 4 Abs. 4a Satz 5).

Nicht abziehbare Betriebsausgaben

Fall 60
K freut sich, hat er doch im Wirtschaftsjahr einiges an Belegen gesammelt. Im Einzelnen handelt es sich dabei um Geschenkbelege, Bewirtungsaufwendungen, einen handgefertigten vergoldeten, diamantenbesetzten Kugelschreiber, eine Geldbuße wegen zu schnellem Fahrens und diverse Bestechungsgelder.
Kann K sämtliche Belege in voller Höhe von der Steuer absetzen?

Zwar handelt es sich bei den genannten Aufwendungen um Betriebsausgaben. Das Gesetz listet jedoch unter anderem in § 4 Abs. 5 Aufwendungen auf, die dennoch nicht als gewinnmindernd behandelt werden dürfen.

Für K bedeutet dies:

- Geschenke dürfen nur bis zu einer Freigrenze von 35 € pro Person pro Wirtschaftsjahr abgezogen werden (§ 4 Abs. 5 Satz 1 Nr. 1). Alles was teurer ist, nicht.

- Bei Bewirtungsaufwendungen sind 30% nicht absetzbar (§ 4 Abs. 5 Satz 1 Nr. 2).

- Aufwendungen für unangemessene Betriebsausgaben (§ 4 Abs. 5 Satz 1 Nr. 7) dürfen nur in angemessener Höhe angesetzt werden, bei K beispielsweise nur für einen handelsüblichen Kugelschreiber. Der übersteigende Betrag ist dagegen nicht absetzbar.

- Geldbußen, Ordnungsgelder, Verwarnungsgelder (§ 4 Abs. 5 Satz 1 Nr. 8) sind nicht absetzbar, ebenso (über § 12 Nr. 4) Geldstrafen.

- Bestechungsgelder sind, im Falle einer Verurteilung oder Einstellung nach §§ 153 – 154e Strafprozessordnung (StPO), nicht absetzbar (§ 4 Abs. 5 Satz 1 Nr. 10).

Häusliches Arbeitszimmer oder Büro

Fall 61

Anwältin R will – auch – in den „eigenen vier Wänden" arbeiten. Da sie zeitlich und räumlich recht flexibel ist, möchte sie wissen, welche Möglichkeiten sie bezüglich des Arbeitszimmers hat und was für sie steuerlich die günstigste Variante ist.

Ein häusliches Arbeitszimmer ist ein Raum, der seiner Lage, Funktion und Ausstattung nach in die häusliche Sphäre des Steuerpflichtigen eingebunden ist und vorwiegend der Erledigung gedanklicher, schriftlicher oder verwaltungstechnischer bzw. -organisatorischer Arbeiten dient.

Es darf für die betriebliche und berufliche Tätigkeit (Rechtsanwältin) kein anderer Arbeitsplatz zur Verfügung stehen.

Lektion 10: Grundsätze der Einkunftsermittlung bei Gewinneinkünften

Ein weiteres Kriterium ist, ob das Arbeitszimmer den Mittelpunkt der gesamten betrieblichen und beruflichen Betätigung bildet (§ 4 Abs. 5 Satz 1 Nr. 6b).

Für R bedeutet dies:

▶ Wenn R nur einen Teil ihrer Arbeit zuhause erledigen möchte, kann sie die Aufwendungen (Miete, dem Gebäude zuzurechnende Raumausstattung wie Tapeten, etc.) für das häusliche Arbeitszimmer maximal in Höhe von 1.250 € steuerlich geltend machen (§ 4 Abs. 5 Satz 1 Nr. 6b Halbsatz 1).

▶ Wenn R's kleine Kanzlei dagegen den Mittelpunkt der gesamten betrieblichen und beruflichen Betätigung darstellt, kann sie die Aufwendungen ohne Begrenzung als „Arbeitszimmer" absetzen (§ 4 Abs. 5 Satz 1 Nr. 6b Satz 3 Halbsatz 2).

▶ Sollte es ihr, beispielsweise aufgrund einer zusätzlichen Nebentätigkeit, nicht möglich sein, die Kanzleiräume als alleiniges Tätigkeitsfeld zu nutzen, hat sie noch eine andere Möglichkeit: Da sie als Rechtsanwältin üblicherweise auch Parteiverkehr hat, kann sie den Raum als „Büro" behandeln und die gesamten Kosten steuerlich geltend machen.

▶ Zu beachten ist noch, dass das Abzugsverbot nicht für Arbeitsmittel wie Schreibtisch, Tischlampe, Stuhl, Computer etc. gilt.

Private KFZ-Nutzung, insbesondere Fahrten zwischen Wohnung und Betriebsstätte

Fall 62

K hat auch noch einige Belege für Fahrten zwischen Wohnung und Betriebsstätte gefunden. Kann er diese verwerten?

Wenn er sein KFZ nicht im Betriebsvermögen hat oder er öffentliche Verkehrsmittel nützt, gelten für ihn für Fahrten zwischen Wohnung und Betriebsstätte die gleichen Grundsätze wie für Fahrten zwischen Wohnung und Arbeitsstätte von Arbeitnehmern (§ 4 Abs. 5 Satz 1 Nr. 6 Satz 2).

Diese werden in Fall 67 dargestellt.

Wenn er sein KFZ jedoch im Betriebsvermögen hat, ist folgendes zu beachten:

▶ Wenn er ein Fahrtenbuch führt, in welchem er den Anteil betrieblicher und privater Fahrten ermittelt, dann darf er nur für die betrieblich veranlassten Fahrten den tatsächlichen Aufwand ansetzen.

Für die Fahrten Wohnung – Betriebsstätte darf er dagegen nur die Entfernungspauschale von 0,30 € pro gefahrenem Kilometer ansetzen.

▶ Wenn er kein Fahrtenbuch führt, gilt für ihn bei überwiegend betrieblicher Nutzung die 1%-Regel. Diese besagt, dass pro Kalendermonat 1% des Brutto-Inlands-Listenpreises als privat veranlasst gelten. Für Elektro- und Hybridfahrzeuge gelten Sonderregeln.

Daneben sind für Fahrten zwischen Wohnung und Betriebsstätte dann noch jeden Monat 0,03% des inländischen Brutto-Listenpreises pro Entfernungskilometer anzusetzen.

Dieser Aufwand ist dann der Entfernungspauschale gegenüberzustellen, sodass die Differenz den nicht abziehbaren betrieblichen Aufwand darstellt (§ 6 Abs. 1 Nr. 4).

K hätte hierfür gerne ein Beispiel und nennt Ihnen folgende Daten: Bruttolistenpreis Fahrzeug 25.000 €, Entfernung zur Betriebsstätte, die er an 20 Tagen im Monat aufsucht: 50 km.

Dies führt zu folgender Berechnung

Brutto-Inlands-Listenpreis:	25.000 €
davon 1% pro Monat	250 €
+ 0,03 pro km Entfernung zur Arbeit (50 km)	375 €
private Nutzung	625 €
– Entfernungspauschale (50 km × 0,30 € × 20 Tage)	300 €
pro Monat nicht absetzbarer privater Nutzungsanteil	325 €

Dies ergibt im Jahr einen nicht absetzbaren privaten Nutzungsanteil von 3.900 €, der als Betriebseinnahme gilt.

Und was ist, wenn die tatsächlichen Aufwendungen für das genutzte Fahrzeug (3.300 €) geringer sind als dieser pauschale private Nutzungsanteil?

Dann sind die pauschalen Werte auf die Gesamtaufwendungen des KFZ zu deckeln.

Und was ist dann mit der Entfernungspauschale, die ja insgesamt 3.600 € beträgt?

Die Entfernungspauschale steht ihm auch im Fall der Kostendeckelung vollumfänglich zu.

> **Leitsatz 14**
>
> **Betriebsausgaben**
>
> Aufwendungen sind dann grds. **abziehbar**, wenn sie **betrieblich veranlasst** sind (§ 4 Abs. 4).
> Das Gesetz normiert jedoch einige **Ausnahmen**:
> - Besonderheiten sind bei **Schuldzinsen** zu beachten (§ 4 Abs. 4a).
> - § 4 Abs. 5 beinhaltet einen Katalog **nichtabziehbarer Betriebsausgaben**
> - Für die **private KFZ-Nutzung**, insbesondere Fahrten zwischen Wohnung und Betriebsstätte gibt es je nach Fallkonstellation verschiedene Möglichkeiten: Entfernungspauschale, Fahrtenbuchregelung, 1 %-Regelung.

Systematik der Einnahmenüberschussrechnung

Fall 63

Der Steuerpflichtige U, welcher mit seinem „Kleingewerbe" nicht bilanzierungspflichtig ist, möchte wissen, wie er seinen Gewinn zu ermitteln hat und was er, insbesondere im Vergleich zur Bilanzierung, zu beachten hat. Wissen Sie die Antwort?

Die Gewinnermittlung (§ 2 Abs. 2 Satz 1 Nr. 1) nach § 4 Abs. 3 (Einnahmenüberschussrechnung) erfolgt nach folgender Methode:

Betriebseinnahmen
– Betriebsausgaben
Gewinn nach § 4 Abs. 3

Sacheinlagen sind wie Geldabflüsse als Betriebsausgaben, Sachentnahmen wie Geldzuflüsse als Betriebseinnahmen zu behandeln.

Geldeinlagen und -entnahmen sind dagegen unbeachtlich.

Es gibt, obwohl keine Bilanz vorliegt, die Möglichkeit zu gewillkürtem Betriebsvermögen. Der Gegenstand ist zur Dokumentation in ein Bestandsverzeichnis einzutragen.

Merke: Es gilt der Grundsatz der Totalgewinngleichheit. Zwar wird der Gewinn während der einzelnen Wirtschaftsjahre anders ermittelt, es soll sich jedoch – bezogen auf die Laufzeit des Betriebes (Totalperiode) – zwischen § 4 Abs. 1 und § 4 Abs. 3 kein Gewinnunterschied ergeben.

Leitsatz 15

Totalgewinngleichheit von Bilanz und EÜR

Bei der Gewinnermittlung ist immer der **Grundsatz der Totalgewinngleichheit** von Bilanz und Einnahmenüberschussrechnung (EÜR) zu beachten:

Zwar erfolgt die Ermittlung der Gewinneinkünfte während der Jahre unterschiedlich:

Betriebsvermögensvergleich (Bilanz)	Einnahmenüberschussrechnung
Betriebsvermögen Jahresende – Betriebsvermögen Vorjahresende BV-mehrung/-minderung + Entnahmen (aus dem Betrieb) – Einlagen (in den Betrieb) Gewinn (§ 4 Abs. 1)	Betriebseinnahmen – Betriebsausgaben Gewinn (§ 4 Abs. 3)

„Unterm Strich" muss jedoch während der Laufzeit des Betriebes „das Gleiche" rauskommen.

Lektion 11: Grundsätze der Einkunftsermittlung bei Überschusseinkünften

Nachdem Sie in der vorausgegangenen Lektion die Gewinnermittlung kennen gelernt haben, wird jetzt die Einkunftsermittlung im Bereich der Überschusseinkünfte (Nichtselbständige Arbeit, Kapitalvermögen, Vermietung und Verpachtung, sonstige Einkünfte) (§ 2 Abs. 2 Satz 1 Nr. 2) dargestellt.

Methode der Überschussermittlung

Fall 64

L, welcher Überschusseinkünfte erzielt, fragt sich, wie er den Überschuss zu ermitteln hat. Helfen Sie ihm mit einem Blick ins Gesetz weiter.

Beachte: Die Überschussermittlung bei Überschusseinkünften ist unbedingt zu unterscheiden von der – in Lektion 10 kennengelernten – Einnahmenüberschussrechnung bei Gewinneinkünften. Für beide Ermittlungsarten gibt es eigene gesetzliche Vorschriften.

Die Überschussermittlung (§ 2 Abs. 2 Satz 1 Nr. 2) erfolgt nach folgender Formel:

Einnahmen (§ 8)
- Werbungskosten (§ 9),
- ggf. Werbungskostenpauschalen (§ 9a)
Überschuss

Einnahmen (§ 8) sind dabei Zuflüsse in Geld oder Geldeswert im Rahmen einer Überschusseinkunft (§ 2 Abs. 1 Satz 1 Nr. 4–7).

Es muss eine objektive, in Geld ausdrückbare, Bereicherung des Zuflussempfängers erfolgen, die im weitesten Sinne Gegenleistung beispielsweise für die Arbeitsleistung, Kapitalüberlassung oder Überlassung von Sachvermögen ist.

Werbungskosten (§ 9) sind alle Aufwendungen, die durch die Erzielung von steuerpflichtigen Einnahmen veranlasst sind, egal, ob sie notwendig, üblich oder auch zweckmäßig sind.

L stellt fest, dass er im Veranlagungszeitraum fast keine Werbungskosten hatte. Er fragt sich erschrocken, ob er denn jetzt gar nichts ansetzen kann. Welche Möglichkeiten eröffnet ihm das Gesetz?

Neben dem Ansatz der tatsächlichen Werbungskosten besteht bei den Überschusseinkünften die Möglichkeit, u. a. die folgenden Pauschbeträge für Werbungskosten (§ 9a) anzusetzen:

▶ Arbeitnehmer-Pauschbetrag von 1.000 €
(§ 9a Satz 1 Nr. 1 Buchstabe a)

▶ Pauschbetrag für Versorgungsbezüge von 102 €
(§ 9a Satz 1 Nr. 1 Buchstabe b)

▶ Pauschbetrag von 102 € für Einkünfte nach § 22 Nr. 1, 1a und 5
(§ 9a Satz 1 Nr. 3).

Zu beachten ist, dass (soweit im Gesetz nichts anderes steht) neben den Pauschalen bei der entsprechenden Einkunftsart kein weiterer Ansatz anderer Werbungskosten möglich ist und dass durch den Ansatz der Pauschalen kein Verlust entstehen darf (§ 9a Satz 2).

Leitsatz 16

Überschussermittlung § 2 Abs. 2 Satz 1 Nr. 2

Die Überschussermittlung erfolgt nach eigenen gesetzlichen Regeln (§§ 8 – 9a) und ist **nicht** mit der Einnahmenüberschussrechnung bei Gewinneinkünften (§ 4 Abs. 3) zu **verwechseln**.

§ 8 definiert die Einnahmen, § 9 die Werbungskosten.

§ 9a sieht besondere Pauschbeträge für Werbungskosten vor.

Besonderheiten bei Arbeitnehmern – Einnahmen

 Fall 65

L möchte des Weiteren wissen, ob es für ihn als Arbeitnehmer bei den Einnahmen Besonderheiten gibt. Er erhält von seinem Arbeitgeber Sachbezüge und dieser führt für ihn Lohnsteuer ab. Was werden Sie ihm antworten?

Bei den Einnahmen gibt es Besonderheiten für Arbeitnehmer, wenn der Arbeitnehmer vom Arbeitgeber geldwerte Vorteile erhält, die nicht auf eigenbetrieblichen Interessen des Arbeitgebers beruhen:

▶ Erhält L von seinem Arbeitnehmer geldwerte Vorteile (Wohnung, Kost, Waren, Dienstleistungen und sonstige Sachbezüge), sind dies für L Einnahmen, die er mit dem üblichen Endpreis (abzgl. üblicher Preisnachlässe) zu bewerten hat (§ 8 Abs. 2 Satz 1).
Dies gilt nicht, wenn die monatlichen Vorteile 44 € nicht übersteigen (§ 8 Abs. 2 Satz 11).

▶ Wenn er betriebliche KFZ privat nutzt, hat er dies gemäß § 8 Abs. 2 Sätze 2 – 7 zu bewerten.

▶ Für vom Arbeitgeber auf Dienstreisen oder im Rahmen der doppelten Haushaltsführung zur Verfügung gestellte Mahlzeiten gilt § 8 Abs. 2 Sätze 9 und 10.

▶ Wenn der überlassene Vorteil (Waren oder Dienstleistungen) nicht überwiegend für den Bedarf des Arbeitnehmers hergestellt wird, ist nur ein verminderter Betrag anzusetzen (§ 8 Abs. 3).

Eigenbetriebliche Interessen – und damit keine vom Arbeitnehmer zu versteuernden Einnahmen – liegen vor, wenn der Vorteil

▶ der Belegschaft als Ganzes zugewendet wird (z.B. bei Betriebsveranstaltungen)

▶ dem Arbeitgeber „aufgezwungen" wird und nicht marktgängig ist (z.B. Vorsorgeuntersuchungen)

▶ notwendige Begleiterscheinung betriebsfunktionaler Zielsetzung ist (z.B. Fortbildung).

Obwohl der Arbeitgeber für den Arbeitnehmer die Lohnsteuer an das Finanzamt abführt, ist doch der Arbeitnehmer Schuldner der Lohnsteuer (§ 38 Abs. 2). Die Lohnsteuer ist Teil des Bruttolohns und damit auch Arbeitslohn des L.

Die Lohnsteuer ist Vorauszahlung auf die Einkommensteuer des Arbeitnehmers und wird im Rahmen des Lohnsteuerjahresausgleichs mit dieser verrechnet.

Vergleiche hierzu auch schon Lektionen 1 und 8.

Besonderheiten bei Arbeitnehmern-Ausgaben

Fall 66

Nun interessiert K noch die Behandlung seiner Ausgaben. Er hat unter anderem Geld ausgegeben für Fachliteratur und Arbeitskleidung und bittet gegebenenfalls um eine kurze Darstellung?

Bei den Ausgaben gibt es – neben der bereits erwähnten Werbungskostenpauschale (Arbeitnehmer-Pauschbetrag – § 9a Satz 1 Nr. 1) noch weitere Besonderheiten für Arbeitnehmer:

▶ Als Werbungskosten kann L Gegenstände absetzen, die der Erledigung dienstlicher Aufgaben dienen (Arbeitsmittel) (§ 9 Abs. 1 Satz 3 Nr. 6), also seine Fachliteratur sowie Werkzeuge, beruflich eingesetzte Computer etc. Wenn die Anschaffungskosten jedoch 800 € übersteigen, kann er diese nicht sofort absetzen, sondern er hat sie über mehrere Jahre hinweg abzuschreiben (§ 9 Abs. 1 Satz 3 Nr. 7 Satz 2).

▶ Ferner kann er Aufwendungen für typische Berufskleidung (Richterrobe, Polizeiuniform, Monteur-Overall) als Werbungskosten absetzen (§ 9 Abs. 1 Satz 3 Nr. 6), nicht jedoch „bürgerliche Kleidung" (weißes Hemd, Anzug), auch wenn er diese ausschließlich beruflich verwendet.
Ausnahme hierzu: Wird Kleidung bei der Berufsausübung beschädigt, können Reparatur-, Reinigungs- oder Ersatzkosten als Werbungskosten angesetzt werden.

Wichtig für Auszubildende und Studenten: *Aufwendungen für die erstmalige Berufsausbildung oder ein Erststudium, das zugleich eine Erstausbildung vermittelt, sind keine Werbungskosten; sie können jedoch als Werbungskosten abgezogen werden, wenn die Erstausbildung oder das Erststudium im Rahmen eines Dienstverhältnisses stattfindet (§ 9*

Abs. 6). Liegt kein Dienstverhältnis vor, können sie jedoch im Rahmen des § 10 Abs. 1 Nr. 7 als Sonderausgaben abgezogen werden. Mehr dazu in Lektion 5.

Fahrten zwischen Wohnung und Arbeitsstätte

Fall 67
Zuletzt zeigt Ihnen L noch seine Belege für Fahrten zwischen Wohnung und Arbeitsstätte. Wie kann er diese verwerten?

Fahrten zwischen Wohnung und regelmäßiger Arbeitsstätte sind Aufwendungen des Arbeitnehmers (§ 9 Abs. 1 Satz 3 Nr. 4).

▶ Zur Abgeltung dieser Aufwendungen ist unabhängig von dem benutzten Verkehrsmittel für jeden vollen Kilometer der Entfernung Wohnung – Arbeitsstätte eine Pauschale von 0,30 € anzusetzen.

▶ Für Fahrten, die nicht mit einem eigenen oder zur Nutzung überlassenen Fahrzeug durchgeführt werden, gilt hierbei ein Höchstbetrag von 4.500 €.

▶ Durch die Entfernungspauschale sind sämtliche Aufwendungen abgegolten, die durch die Wege zwischen Wohnung und Arbeitsstätte und durch Familienheimfahrten veranlasst sind (§ 9 Abs. 2 Satz 1).

L, der oft auch mit Bus und Bahn fährt, findet das eben Gehörte nicht ganz gerecht. Denn aufgrund teurer Fahrkarten bleibt er dann ja auf einem Teil seiner Fahrkosten sitzen. Stimmt das?

Nein, denn Aufwendungen für die Benutzung öffentlicher Verkehrsmittel können angesetzt werden, soweit sie den als Entfernungspauschale abziehbaren Betrag übersteigen (§ 9 Abs. 2 Satz 2).

Übrigens: Behinderte Menschen können unter bestimmten Voraussetzungen statt der Pauschale die tatsächlichen Aufwendungen ansetzen (§ 9 Abs. 2 Sätze 3 und 4).

Leitsatz 17

Besonderheiten bei Arbeitnehmern

Zu den **Einnahmen** des Arbeitnehmers zählen neben dem in **Geld** ausbezahlten Lohn auch geldwerte Vorteile (**Sachbezüge**) und die **einbehaltene Lohnsteuer**.

Hinsichtlich der **Ausgaben** sind die Sonderreglungen in § 9 zu beachten.

Der Arbeitnehmer kann, wenn er „zu wenig" Werbungskosten hat, alternativ auch den **Arbeitnehmer-Pauschbetrag** (§ 9a) ansetzen.

Bei **Fahrten** zwischen Wohnung und regelmäßiger Arbeitsstätte gilt eine Entfernungspauschale, bei der Benutzung öffentlicher Verkehrsmittel kann auch der höhere tatsächliche Betrag angesetzt werden (§ 9 Abs. 1 Satz 3 Nr. 4, Abs. 2).

Lektion 12: Weiteres zur Einkunftsermittlung

Im Folgenden werden noch drei Themenbereiche dargestellt, die Bilanzierer und Einnahmenüberschussrechner (§ 2 Abs. 2 Satz 1 Nr. 1) und Überschussrechner (§ 2 Abs. 2 Satz 1 Nr. 2) gleichermaßen betreffen. Dies sind die Frage, wann eigentlich die Einkünfte zu erfassen sind (Realisationsprinzip und Zuflussprinzip), die Problematik der gemischten Aufwendungen und Verträge unter Angehörigen.

Realisationsprinzip

Fall 68

K ermittelt seine Gewinneinkünfte aus Gewerbebetrieb, zu welchem auch ein Betriebsgrundstück gehört, im Rahmen des Betriebsvermögensvergleichs (Bilanzierer). Er fragt sich beim Sortieren seiner Belege, wann die jeweiligen Einnahmen und Ausgaben zu erfassen sind. Können Sie ihm durch einen Blick ins Gesetz weiterhelfen?

Einnahmen und Ausgaben sind zeitlich nicht „irgendwann" zu erfassen, vielmehr hält das EStG hierfür zwei Methoden bereit: Das Realisationsprinzip (§ 4 Abs. 1) und das Zuflussprinzip (§ 11).

Für die Gewinneinkünfte (§ 2 Abs. 2 Satz 1 Nr. 1) des K, die durch Betriebsvermögensvergleich (§ 4 Abs. 1) ermittelt werden, gilt das Realisationsprinzip. Das maßgebliche Kriterium der Gewinnrealisierung ist der Leistungserfolg, welcher wirtschaftlich mit der Bewirkung der Leistung eintritt.

▶ Für K bedeutet dies, dass bei ihm Gewinnrealisierung erst dann eintritt, wenn er seine Lieferung oder sonstige Leistung erbracht hat und die hierauf beruhende Forderung (in der Regel durch Rechnungsstellung) geltend machen kann.

▶ Stille Reserven ruhender Vermögensgegenstände (Betriebsgrundstück) werden erst durch die Erzielung eines Veräußerungserlöses realisiert.

Hier wird deutlich, wie Steuerrecht und Handelsrecht in vielen Bereichen miteinander verbunden sind: Das Realisationsprinzip ist nämlich zugleich einer der Grundsätze ordnungsgemäßer Buchführung und Bilanzierung (§ 252 Abs. 1 Nr. 4 2. Halbsatz HGB).

Zuflussprinzip

Fall 69

K's Bekannte A, welche als freiberufliche Rechtsanwältin nicht zur Bilanzierung verpflichtet ist, ermittelt ihren Gewinn durch Einnahmenüberschussrechnung. A führt auch ein Anderkonto (Fremdgeldkonto), auf welchem Mandantengelder verwaltet werden.
Die gemeinsame Bekannte H erzielt Überschusseinkünfte aus nichtselbständiger Arbeit, Kapitalvermögen, Vermietung und Verpachtung sowie sonstige Einkünfte.
Auch A und H wollen gerne wissen, wann sie ihre Einnahmen und Ausgaben zu erfassen haben.

Für die Gewinneinkünfte der freiberuflichen, selbständigen Einnahmeüberschussrechnerin A (§ 2 Abs. 2 Satz 1 Nr. 1, § 4 Abs. 3) und für H, welche Überschusseinkünfte (§ 2 Abs. 2 Satz 1 Nr. 2) erzielt gilt das Zuflussprinzip (§ 11). Dies besagt, dass Einnahmen dann zugeflossen sind, wenn der Steuerpflichtige über sie wirtschaftlich verfügen kann.

Für A und H ergeben sich somit folgende Zuflusszeitpunkte:

▶ Bargeld: Zufluss mit Übergabe

▶ Überweisung: Zufluss bei Wertstellung auf dem Konto des Empfängers.

▶ Schecks: Zufluss mit Übergabe, jedoch nicht bei ungedeckten Schecks

H interessiert, ob es für sie als Arbeitnehmerin für ihren Arbeitslohn im Gesetz spezielle Regelungen gibt. Nebenbei vermietet sie auch noch und hat einen langjährigen Mieter, der oft gerade am Jahresende nicht pünktlich zahlt. Helfen Sie H, die entsprechenden Regelungen im Gesetz zu finden?

Für H's laufenden Arbeitslohn gilt: Zufluss im Zeitraum der Lohnzahlung (§ 11 Abs. 1 Satz 4).

Besonderheiten gelten auch bei **regelmäßig wiederkehrende Leistungen** wie Mieten, Versicherungsprämien, Zinsen (§ 11 Abs. 1 Satz 2; Abs. 2 Satz 2).

Für H ist hinsichtlich des unpünktlichen Mieters zu beachten: Weil die Miete auf einem **einheitlichen Rechtsgrund** (Mietvertrag) beruht und die Zahlungen **nicht nur einmalig** erfolgen (wobei unerheblich ist, ob sie in gleicher Höhe stattfinden) ist zu differenzieren:

▶ Die **Fälligkeit** ist **maßgeblich**, wenn Zuflusszeitpunkt und Fälligkeit innerhalb von zehn Tagen vor (22.12.) oder nach (10.01.) Ende des Jahres liegen.

▶ Liegt auch nur einer von beiden Zeitpunkten nicht in diesem Zeitraum, ist **der tatsächliche Zufluss maßgeblich**.

Rechtsanwältin A fragt sich, ob für sie bei der Ermittlung ihrer Gewinneinkünfte **Ausnahmen vom Zuflussprinzip** gelten. Dies interessiert sie insbesondere hinsichtlich ihrer durchlaufenden Posten und der Umsatzsteuer. Auch hat sie Wirtschaftsgüter im Anlagevermögen und ein Darlehen.

Für A als freiberufliche, selbständige **Einnahmenüberschussrechnerin** (§ 2 Abs. 2 Satz 1 Nr. 1, § 4 Abs. 3) gelten folgende Ausnahmen vom Zuflussprinzip:

▶ Nach § 4 Abs. 3 Satz 2 scheiden Betriebseinnahmen und -ausgaben aus, die im Namen und auf Rechnung für einen anderen vereinnahmt und verausgabt werden (**durchlaufende Posten**).

Solche sind beispielsweise die Mandantengelder, die auf dem Anderkonto (Fremdgeldkonto) der A eingehen.

Kein durchlaufender Posten ist dagegen die **Umsatzsteuer**, weil diese in eigenem Namen vereinnahmt und verausgabt wird.

Für die Wirtschaftsgüter im Anlagevermögen sind die Regelungen über die **AfA** anwendbar (§ 4 Abs. 3 Satz 3.) Einzelheiten zur Afa in Lektion 14.

▶ Der Zugang nicht abnutzbarer Wirtschaftsgüter ist erfolgsneutral, ihr Abgang erfolgswirksam. Der Gewinn ermittelt sich aus der Differenz zwischen Verkaufspreis und Anschaffungskosten (§ 4 Abs. 3 Satz 4).

▶ Zu- und Abflüsse von Darlehen sind gewinnneutral zu behandeln, die Darlehenstilgung ist damit keine Betriebsausgabe. Darlehenszinsen und der Ausfall betrieblicher Darlehensforderungen sind dagegen Betriebsausgaben.

Leitsatz 18

Realisationsprinzip und Zuflussprinzip

Das **Realisationsprinzip** gilt für Gewinneinkünfte, die durch Bilanzierung ermittelt werden. Maßgebliches Kriterium der Gewinnrealisierung ist der **Leistungserfolg**, welcher wirtschaftlich mit der Bewirkung der Leistung eintritt (§ 4 Abs. 1).

Das **Zuflussprinzip** gilt für Gewinneinkünfte, die durch Einnahmenüberschussrechnung ermittelt werden und für Überschusseinkünfte. Es besagt, dass Einnahmen dann zugeflossen sind, wenn der Steuerpflichtige über sie **wirtschaftlich verfügen** kann (§ 11).

Gemischte Aufwendungen

 Fall 70

K hat einige Aufwendungen, die sowohl den betrieblichen als auch den privaten Bereich berühren. Er nutzt sein privates Telefon, sein „Schreibzimmer" und sein Auto auch für betriebliche Zwecke. Er hat – neben seinem privaten Freundeskreis – auch seinen Chef zu seiner Geburtstagsfeier eingeladen. Er hat in England einen Sprachkurs besucht, um seine beruflichen Chancen zu verbessern, als Urlaubsland ist ihm jedoch Italien viel lieber ... Welche Aufwendungen kann er betrieblich absetzen?

Grundsätzlich sind Kosten der Lebensführung auch dann nicht abzugsfähig, wenn sie zur Förderung des Berufs oder der Tätigkeit des Steuerpflichtigen erfolgen (§ 12 Nr. 1 Satz 2).

Bei „gemischten Aufwendungen" ist laut BFH zu unterscheiden:

▶ Ist eine objektiv zutreffende und nachprüfbare Aufteilung möglich (z.B. bei gefahrenen Kilometern (K's Auto), Quadratmetern (K's Schreibzimmer), Telefoneinheiten (K's Telefon)), kann eine Aufteilung erfolgen:

- Betrieblicher/beruflicher Anteil: abziehbar als Betriebsausgabe/Werbungskosten (§ 4 Abs. 4, § 9)

- Privater Anteil: nicht abziehbar (§ 12).

▶ Ist eine objektive Aufteilung nicht möglich (z.B. bei Feiern, Sprachkursen), ist zu differenzieren:

- Private Nutzung nicht untergeordnet: insgesamt nicht abziehbar (§ 12). So bei K's Geburtstagsfeier, bei der die private „Nutzung" ganz eindeutig im Vordergrund stand

- Private Nutzung untergeordnet (unter 10%): alles (100%) Betriebsausgabe/Werbungskosten (§ 4 Abs. 4, § 9). So bei K's Sprachkurs, der ganz überwiegend dem beruflichen Fortkommen diente.

Übersicht 14: Gemischte Aufwendungen

Kosten der Lebensführung	Gemischte Aufwendungen			
	objektive Aufteilung möglich		objektive Aufteilung nicht möglich	
auch wenn sie Tätigkeit/ Beruf fördern	beruflicher/betrieblicher Anteil	privater Anteil	private Nutzung nicht untergeordnet	Private Nutzung < 10%
nicht abzugsfähig	abziehbar als BA/WK	nicht abziehbar	Insgesamt nicht abziehbar	100% BA/WK

Verträge unter Angehörigen

▄▄▄ Fall 71

Der Steuerpflichtige L, verheiratet, ein Kind, möchte wissen, ob er bei Verträgen mit seinen Angehörigen steuerlich etwas beachten muss. Er denkt an Arbeitsverträge, Mietverträge und Darlehensverträge. Kennen Sie die Kriterien?

Verträge unter Angehörigen sind grundsätzlich auch steuerlich anzuerkennen, sie müssen jedoch gewisse Kriterien erfüllen:

▶ Beachtung zivilrechtlicher Wirksamkeitsvoraussetzungen

   Zwar reicht auch bei Angehörigen grds. eine mündliche Vereinbarung. Aus Beweisgründen ist jedoch die Schriftform unbedingt zu empfehlen.

   Werden Verträge zwischen Eltern und ihren minderjährigen Kindern geschlossen, ist grds. ein Ergänzungspfleger (§ 1909 BGB) zu bestellen. Dies gilt nicht für Arbeits- und Ausbildungsverträge.

   Insbes. bei Grundstücksverträgen (§ 311b BGB) und Schenkungsversprechen (§ 518 BGB) ist grds. notarielle Beurkundung notwendig.

▶ Klar und ernstlich gewollt
   Zumindest die Hauptvertragsverpflichtungen (Leistung und Gegenleistung) müssen geregelt sein. Der Vertragsabschluss darf nicht nur zum Schein erfolgen.

▶ Fremdvergleich
   Der Vertrag mit dem vereinbarten Inhalt wäre auch unter fremden Dritten abgeschlossen worden. Maßgebend ist die „Gesamtheit der objektiven Gegebenheiten".

▶ Tatsächliche Durchführung entsprechend der Vereinbarungen
   Der tatsächliche Vollzug muss dem Vertragsinhalt entsprechen.

Bei den von L erwähnten Vertragsarten zwischen Ehegatten/Lebenspartnern (§ 2 Abs. 8) bzw. zwischen Eltern und Kindern ist insbesondere folgendes zu beachten:

▶ Arbeitsverhältnisse

- die Arbeitsleistung muss tatsächlich erbracht worden sein.

- die Lohnzahlung muss dem Fremdvergleich standhalten (monatlich und nicht z.B. jährlich). Der Arbeitnehmer muss darüber tatsächlich verfügen können.

- Lohnsteuer und Sozialversicherungsbeiträge müssen einbehalten und abgeführt werden.

▶ Darlehensverträge

- Vereinbarung über Laufzeit sowie über Art und Zeit der Rückzahlung.

- Entrichtung der Zinsen zu den Fälligkeitszeitpunkten.

- ausreichende Sicherung des Rückzahlungsanspruchs insbes. bei langfristiger Laufzeit.

▶ Mietverträge

- kein Abschluss nur zum Schein.

- Art der Nutzung und Höhe der Miete müssen klar und eindeutig vereinbart sein und entsprechend durchgeführt werden.

Für L bedeutet das im Ergebnis, dass, solange er sich an die genannten Kriterien hält, die Vertragsverhältnisse steuerlich anerkannt werden. Die angefallenen Aufwendungen kann er dann als Betriebsausgaben bzw. Werbungskosten absetzen.

Leitsatz 19

Verträge unter Angehörigen

Verträge unter Angehörigen sind grds. dann **steuerlich anzuerkennen**, wenn sie unter Beachtung **zivilrechtlicher Wirksamkeitsvoraussetzung** geschlossen wurden, klar und ernstlich **gewollt** sind, dem **Fremdvergleich** standhalten und die tatsächliche **Durchführung** den Vereinbarungen entspricht.

V. Einkunftsbewertung

Nachdem Sie in den vorangegangenen Lektionen die Einkünfte und ihre steuerliche Behandlung dem Grunde nach kennen gelernt haben, erfahren Sie in den folgenden Lektionen etwas über die Bewertung von Wirtschaftsgütern und die Möglichkeiten der Abschreibung im Steuerrecht.

Lektion 13: Bewertungsgrundsätze

Wirtschaftsgüter werden nicht einfach mit irgendwelchen Werten angesetzt, sondern es gibt hierfür zahlreiche Vorschriften im Steuerrecht und im Handelsrecht.

Die Bilanz: Wirtschaftsgüter und andere Bilanzposten

Fall 72

Der Steuerpflichtige K hat unter anderem ein betrieblich genutztes Gebäude, ein Auto und ein Betriebskonto (Guthaben bei der Bank). Er möchte wissen, ob es sich hierbei um Wirtschaftsgüter handelt. Kennen Sie die Voraussetzungen?

Der Begriff „Wirtschaftsgut" ist im EStG nicht definiert, es gelten jedoch folgende Voraussetzungen:

▶ selbständig bewertbar (nicht notwendig selbständig veräußerbar)

▶ längerfristiger Nutzen

▶ Steuerpflichtiger lässt sich die Erlangung etwas kosten.

Dies ist bei Gebäude, Auto und Betriebskonto des K der Fall.

Nachdem K bilanzieren muss, interessiert ihn, wie er seine Bilanz aufzubauen hat und zu welchen Posten die einzelnen Wirtschaftsgüter gehören. Er nennt neben Gebäude, Auto und Betriebskonto auch noch Warenbestand und eine Darlehensverbindlichkeit.

Die Zuordnung innerhalb der Bilanz erfolgt nach der Bilanzgliederung gemäß § 266 HGB:

Aktiva	Bilanz	Passiva
Anlagevermögen (AV)		Eigenkapital (EK) (beinhaltet auch das Ergebnis der Gewinn- und Verlustrechnung)
Umlaufvermögen (UV)		Rückstellungen und Verbindlichkeiten = Fremdkapital
Aktive Rechnungsabgrenzungsposten (RAP)		Passive Rechnungsabgrenzungsposten (RAP)
Bilanzsumme		Bilanzsumme

Hinter den einzelnen Bilanzposten verbergen sich u.a. folgende Wirtschaftsgüter und Schulden (Fremdkapital) des Betriebes:

„Was" dem Betrieb „gehört", ist in Anlage- und Umlaufvermögen verzeichnet:

▶ Zum Anlagevermögen gehören Wirtschaftsgüter, die dem Betrieb längere Zeit zu dienen bestimmt sind (§ 247 Abs. 2 HGB), wie K's Gebäude, Maschinen, K's Auto, etc.

▶ Zum Umlaufvermögen gehören Wirtschaftsgüter, die zur Be- oder Verarbeitung oder zum Umsatz bestimmt sind. Dies sind der Warenbestand und das Guthaben bei der Bank.

„Wem" der Betrieb gehört, findet man unter Verbindlichkeiten und Rückstellungen:

▶ Verbindlichkeiten sind bestehende Schulden des Betriebes, wie K's Darlehensverbindlichkeit

▶ **Rückstellungen** sind verursachte Schulden des Betriebes (§ 249 HGB).

Und was, will K noch wissen, hat es mit Rechnungsabgrenzungsposten und Eigenkapital auf sich. Sind das auch Wirtschaftsgüter?

Rechnungsabgrenzungsposten sind keine Wirtschaftsgüter, sondern reine Bilanzierungshilfen (beispielsweise die Restlaufzeit bezahlter Versicherungen).

Das Eigenkapital (Aktivseite – Passivseite) ist ein reiner Rechnungsposten und identisch mit dem in § 4 Abs. 1 Satz 1 genannten Betriebsvermögen. Es beinhaltet auch das Ergebnis der Gewinn- und Verlustrechnung (Einnahmen – Ausgaben Rechnung) nach § 275 HGB.

Und welchen wichtigen Grundsatz muss K noch beachten?

Anfangsbilanz des Wirtschaftsjahres und Schlussbilanz des vorangegangenen Wirtschaftsjahres müssen übereinstimmen (Grundsatz der Bilanzidentität § 252 Abs. 1 Nr. 1 HGB).

Einzelne Bewertungsgrößen

Fall 73

Unternehmer K möchte genaueres über die Bewertung der Wirtschaftsgüter seines Unternehmens wissen. Ihn interessiert, was Anschaffungs-, Herstellungs- und Finanzierungskosten sind und was der Teilwert ist. Helfen Sie ihm mit einem Blick ins Gesetz weiter.

Das Steuerrecht hat zum Teil eigene Bewertungsmaßstäbe, greift aber zum Teil auch auf die des Handelsrechts zurück:

▶ Anschaffungskosten (§ 255 Abs. 1 HGB) sind alle Aufwendungen, die geleistet werden, um das Wirtschaftsgut zu erwerben und es in einen betriebsbereiten Zustand zu versetzen.

Weitere Voraussetzung ist, dass die Kosten dem Wirtschaftsgut zugeordnet werden können.

Anschaffungskosten sind insbes. der Kaufpreis, die Anschaffungsnebenkosten, Kosten der Inbetriebnahme und nachträgliche Anschaffungskosten.

Wenn der Unternehmer vorsteuerabzugsberechtigt ist, gehört die Umsatzsteuer nicht zu den Anschaffungskosten (§ 9b Abs. 1 Satz 1).

Bei unentgeltlichem Erwerb (Erbfall oder Schenkung) werden die Werte des Rechtsvorgängers übernommen, wenn die Besteuerung der stillen Reserven sichergestellt ist (§ 6 Abs. 3).

▶ Herstellungskosten (§ 255 Abs. 2 HGB) sind alle Kosten, die bis zur endgültigen Fertigstellung anfallen, soweit sie dem Wirtschaftsgut zugeordnet werden können (z.B. Fahrten zur Baustelle).

▶ Finanzierungskosten (§ 255 Abs. 3 Satz 1 HGB) sind grds. keine Anschaffungskosten, sondern sofort abziehbarer Aufwand (z.B. Schuldzinsen).
Wurde jedoch die Herstellung eines Wirtschaftgutes finanziert, besteht ein Ansatzwahlrecht für den Zeitraum, der auf die Herstellung entfällt (§ 255 Abs. 3 Satz 2 HGB).

▶ Teilwert (§ 6 Abs. 1 Nr. 1 Satz 3) ist der Betrag, den ein Erwerber des ganzen Betriebes im Rahmen eines Gesamtkaufpreises für das einzelne Wirtschaftsgut ansetzen würde, wenn er den Betrieb fortführt (Going-Concern-Principle).

Hinweis: Der Teilwert ist in der Praxis meist sehr schwer zu ermitteln und deshalb in der Klausur regelmäßig vorgegeben: „ein fremder Dritter hätte dafür bezahlt"

Übersicht 15: Bewertungsgrößen im Steuerrecht

Die wichtigsten Bewertungsgrößen im Steuerrecht sind:

Anschaffungskosten (AK)	Erwerb Wirtschaftsgut	§ 255 Abs. 1 HGB
Herstellungskosten (HK)	Fertigung Wirtschaftsgut	§ 255 Abs. 2 HGB

Finanzierungskosten	Geldbeschaffung	§ 255 Abs. 3 HGB
Teilwert (TW)	Potenzieller Betriebserwerber	§ 6 Abs. 1 Nr. 1 Satz 3

Die wichtigsten Bewertungsansätze

▰▰▰ Fall 74

Nunmehr will K noch wissen, wie die einzelnen Wirtschaftsgüter in seiner Bilanz, die Schulden, Entnahmen und Einlagen sowie Rückstellungen zu bewerten sind. Er gibt Ihnen eine Aufstellung, auf der u.a. Anschaffungs-/Herstellungskosten (AK/HK) und Teilwert (TW) aufgelistet sind:

EDV-Anlage: 20.000 € AK/HK 10.000 € TW
Es wurden auf die Anlage bisher Abschreibungen in Höhe von 10.000 € vorgenommen.
Unbebautes Grundstück: 100.000 € AK/HK 150.000 € TW
Warenbestand: 25.000 € AK/HK 20.000 € TW
Unverzinsliches Darlehen: 8.000 € AK/HK 8.000 € TW
Verzinsliches Darlehen: 15.000 € AK/HK 15.000 € TW
Kurzfristiges Darlehen: 2.000 € AK/HK 2.000 € TW
Entnahmen Büromöbel: 6.000 € AK/HK 5.000 € TW
Entnahme Telefonnutzung: 500 € anteilige Kosten
Einlage KFZ
(acht Jahre alt): 20.000 € AK/HK 8.000 € TW
Einlage Schrank
(zwei Jahre alt): 10.000 € AK/HK 12.000 € TW
Auf die Zeit zwischen Anschaffung des Schrankes und Einlage fallen 2.000 € Abschreibungen
Rückstellungen für Jahresabschlussarbeiten 3.000 € Kosten.

Die Bewertung ist je nach Art des Wirtschaftsgutes oder des Vorganges unterschiedlich:

▶ Abnutzbares Anlagevermögen (§ 6 Abs. 1 Nr. 1) ist mit den Anschaffungs- oder Herstellungskosten abzüglich Abschreibungen, gegebenenfalls auch mit dem niedrigeren Teilwert anzusetzen.
  Bei der EDV-Anlage ist damit wie folgt vorzugehen:

20.000 € Anschaffungskosten
− 10.000 € bisherige Abschreibungen
10.000 € derzeitiger Buchwert

Da der derzeitige Buchwert und der Teilwert gleich hoch sind, ist die EDV-Anlage von K mit den um die Abschreibungen geminderten Anschaffungskosten anzusetzen, also 10.000 €.

▶ Nicht abnutzbares Anlagevermögen (§ 6 Abs. 1 Nr. 2) ist mit den Anschaffungs- oder Herstellungskosten, gegebenenfalls auch mit dem niedrigeren Teilwert anzusetzen.

Das unbebaute Grundstück ist von K mit 100.000 € Anschaffungskosten anzusetzen. Der Teilwert ist nicht zu berücksichtigen, da er höher ist als die Anschaffungskosten.

▶ Umlaufvermögen (§ 6 Abs. 1 Nr. 2) ist mit den Anschaffungs- oder Herstellungskosten, gegebenenfalls auch mit dem niedrigeren Teilwert anzusetzen.

Da der Warenbestand zwar ursprünglich 25.000 € gekostet hat, jetzt jedoch nur noch einen Teilwert von 20.000 € hat, hat K die Wahl: Er kann ihn entweder weiter mit 25.000 € ansetzen, oder mit dem niedrigeren Teilwert von 20.000 €.

▶ Verbindlichkeiten (§ 6 Abs. 1 Nr. 3) sind mit den Anschaffungs- oder Herstellungskosten anzusetzen, gegebenenfalls Ansatz auch mit dem Teilwert.

Sie sind grds. mit 5,5 % abzuzinsen. Ausnahmen von der Verzinsungspflicht bestehen insbes. bei schon verzinslich vereinbarten Verbindlichkeiten und bei kurzfristigen Verbindlichkeiten, deren Laufzeit am Bilanzstichtag weniger als zwölf Monate beträgt.

Damit sind alle an K gewährte Darlehen mangels abweichendem Teilwert mit den Anschaffungskosten anzusetzen, also mit 8.000 € (unverzinsliches Darlehen), 15.000 € (verzinsliches Darlehen) bzw. 6.000 € (kurzfristiges Darlehen). Eine Verzinsung ist nur für das unverzinsliche Darlehen vorzunehmen, nicht jedoch für das verzinsliche und das kurzfristige Darlehen.

- Entnahmen von Wirtschaftsgütern (§ 6 Abs. 1 Nr. 4 Satz 1) sind mit dem Teilwert anzusetzen, Entnahmen von Nutzungen mit den anteiligen Kosten. Für private KFZ-Nutzung (§ 6 Abs. 1 Nr. 4 Sätze 2 und 3) gilt die 1%-Regelung.

  K hat somit für die Büromöbel den Teilwert von 5.000 € und für die private Telefonnutzung 500 € anteilige Kosten anzusetzen.

- Einlagen (§ 6 Abs. 1 Nr. 5) sind grds. mit dem Teilwert anzusetzen. Wirtschaftsgüter, die innerhalb der letzten drei Jahre vor der Einlage angeschafft oder hergestellt worden sind (§ 6 Abs. 1 Nr. 5 Satz 1 Buchstabe a), sind jedoch höchstens mit den Anschaffungs- oder Herstellungskosten anzusetzen. Wenn es sich um abnutzbare Wirtschaftsgüter handelt, sind die Anschaffungs- oder Herstellungskosten um Abschreibungen zu kürzen, die auf den Zeitraum zwischen Anschaffung oder Herstellung und der Einlage entfallen (§ 6 Abs. 1 Nr. 5 Satz 2).

  Einlagen von Nutzungen (Aufwandseinlagen) sind mit den anteiligen Kosten anzusetzen.

  Das alte KFZ ist damit von K mit dem Teilwert von 8.000 € anzusetzen.

  Der Schrank ist, da er innerhalb der letzten drei Jahre vor der Einlage angeschafft wurde, maximal mit den damaligen Anschaffungskosten abzüglich Abschreibungen anzusetzen:

  ```
     10.000 €
  -   2.000 €
      8.000 €
  ```

  Zum Ansatz kommt damit für den Schrank ein Buchwert von 8.000 €, und nicht der Teilwert von 12.000 €.

- Rückstellungen sind grds. mit den Kosten anzusetzen und ggf. abzuzinsen (§ 6 Abs. 1 Nr. 3a).

  Die Rückstellung für Jahresabschlussarbeiten ist damit von K mit 3.000 € anzusetzen.

Stille Reserven

Fall 75

In seiner Wirtschaftszeitung hat K etwas über „stille Reserven" gelesen und fragt sich, wie diese überhaupt zustande kommen und ob dies auch seinen Betrieb betreffen kann. „Schlummern" etwa in seinem Betrieb aus Fall 74 schon stille Reserven? Kennen Sie die Antwort?

Wirtschaftsgüter werden, wie Sie im vorangegangenen Fall gesehen haben, in der Bilanz mit den Anschaffungs- oder Herstellungskosten, abnutzbare Wirtschaftsgüter des Anlagevermögens mit den Anschaffungs- oder Herstellungskosten abzüglich Abschreibungen bewertet.

Die Möglichkeit, den Teilwert anzusetzen besteht nur, wenn dieser niedriger ist, nicht aber für einen höheren Teilwert.

Ist nun der Teilwert höher als der Bilanzausweis (Buchwert), sind in Höhe der Differenz zwischen Buchwert und Teilwert stille Reserven entstanden. Diese führen bei ihrer Aufdeckung zu steuerbarem Gewinn.

Stille Reserven werden unter anderem aufgedeckt bei:

▶ Veräußerung des Wirtschaftsgutes

▶ Entnahme

▶ Veräußerung oder Aufgabe des ganzen Betriebes.

Auch in K's Betrieb befinden sich derzeit in zwei Wirtschaftsgütern (unbebautes Grundstück und eingelegter Schrank) stille Reserven:

```
 150.000 €   Teilwert
-100.000 €   Anschaffungs-/Herstellungskosten
  50.000 €   stille Reserven unbebautes Grundstück

  12.000 €   Teilwert
-  8.000 €   Buchwert
   4.000 €   stille Reserven eingelegter Schrank
```

Übersicht 16: Bewertungsansätze im Steuerrecht

Die wichtigsten Bewertungsansätze im Steuerrecht sind:

Abnutzbares Anlagevermögen	AK/HK abzüglich Abschreibungen	niedrigerer TW (Wahlrecht)	§ 6 Abs. 1 Nr. 1
Nicht abnutzbares Anlagevermögen	AK/HK	niedrigerer TW (Wahlrecht)	§ 6 Abs. 1 Nr. 2
Umlaufvermögen	AK/HK	niedrigerer TW (Wahlrecht)	§ 6 Abs. 1 Nr. 2
Verbindlichkeiten	AK/HK	TW (Wahlrecht)	§ 6 Abs. 1 Nr. 3
Rückstellungen	Kosten	–	§ 6 Abs. 1 Nr. 3a
Entnahmen	TW	–	§ 6 Abs. 1 Nr. 4
Nutzungsentnahme	anteilige Kosten	–	
Private KFZ-Nutzung	1 %-Regelung	–	
Einlagen	TW	–	§ 6 Abs. 1 Nr. 5
Einlagen innerhalb von drei Jahren nach Anschaffung	TW	höchstens jedoch AK/HK abzüglich Abschreibungen	

Beachte: Ein **höherer Teilwert** führt zu **stillen Reserven** und wirkt sich immer erst bei Veräußerungen oder Entnahmen aus

Abgrenzung Anschaffungs-/Herstellungskosten und Erhaltungsaufwand

Fall 76

K möchte an einem ihm schon seit langem gehörenden Gebäude verschiedene Baumaßnahmen durchführen lassen. Es handelt sich hierbei zum Einen um laufende Instandhaltungsmaßnahmen am Treppenhaus, zum Anderen plant er die Aufstockung des Dachgeschosses. Er würde deshalb gerne vorab wissen, ob er die Kosten hierfür sofort von der Steuer absetzen kann oder ob er sie über mehrere Jahre hinweg abschreiben muss. Welche Antwort wird K erhalten?

Während Anschaffungs- und Herstellungskosten der Entstehung des Wirtschaftsgutes dienen und deshalb aktiviert und über mehrere Jahre abgeschrieben werden müssen, dient Erhaltungsaufwand der Erhaltung des Zustandes („Status quo") und ist deshalb grds. sofort abziehbarer Aufwand.

Zum Erhaltungsaufwand gehören:

▶ Aufwendungen für die laufende Instandhaltung

▶ Aufwendungen für die Erneuerung bereits vorhandener Teile.

Nicht als Erhaltungsaufwand, sondern als aktivierungspflichtige Herstellungskosten zu behandeln ist der gesamte Aufwand, wenn etwas Neues, vorher nicht Vorhandenes entsteht.

Bei Gebäuden ist das regelmäßig dann der Fall, wenn es

▶ in seiner Substanz wesentlich vermehrt wird (Aufstockung Dachgeschoss)

▶ in seinem Wesen erheblich verändert wird (Neuherstellung nach Vollverschleiß, Entkernung)

▶ über seinen bisherigen Zustand hinaus wesentlich verbessert wird (Luxussanierung).

K kann somit die Aufwendungen für die laufende Instandhaltung des Treppenhauses sofort als Erhaltungsaufwand abziehen, die Aufwendungen für die Aufstockung des Dachgeschosses sind dagegen als Herstellungskosten zu aktivieren und abzuschreiben.

K beabsichtigt, für ein anderes Gebäude, welches ihm erst seit zwei Jahren gehört, Erhaltungs- und Modernisierungsarbeiten vornehmen zu lassen. Die Kosten für die Arbeiten würden ca. 20 % der Anschaffungskosten des Gebäudes betragen, der Nutzungswert würde sich hierdurch erheblich erhöhen. Kann er die Kosten als Erhaltungsaufwand absetzen?

Bei den geplanten Aufwendungen handelt es sich um anschaffungsnahen Herstellungsaufwand (§ 6 Abs. 1 Nr. 1a), da

▶ an dem Gebäude

▶ kurz nach der Anschaffung (innerhalb der ersten drei Jahre)

▶ Erhaltungs- und Modernisierungsaufwendungen durchgeführt werden sollen

▶ die im Verhältnis zum Kaufpreis hoch sind (> 15 % der Anschaffungskosten)

▶ durch die das Wesen des Gebäudes verändert, der Nutzungswert erheblich erhöht oder die Nutzungsdauer erheblich verlängert wird (z.B. Grundsanierung).

Dies hat zur Folge, dass der Aufwand Anschaffungskosten darstellt. K kann die Aufwendungen damit nicht sofort als Werbungskosten abziehen, sondern nur über die AfA absetzen.

Zu den Kosten bzw. Aufwendungen für Gebäude nun die Zusammenfassung in einer Übersicht.

Übersicht 17: Gebäude, Kosten und Aufwand

Die Abgrenzung von Anschaffungskosten / Herstellungskosten zum Erhaltungsaufwand

Anschaffungs-/ Herstellungskosten	Erhaltungsaufwand	
dienen der Entstehung des Wirtschaftsgutes	Sonderfall anschaffungsnaher Herstellungsaufwand bei Gebäuden	dient der Erhaltung des Zustandes
zu aktivieren und abzuschreiben		sofort abziehbarer Aufwand

Lektion 14: Absetzungen für Abnutzung (AfA)

In dieser Lektion geht es um die Verteilung des Aufwandes über die Nutzungsdauer eines Wirtschaftsgutes.

Grundsätzliches zur Absetzung für Abnutzung (AfA)

Fall 77
K hatte Anschaffungskosten für Wirtschaftsgüter von mehreren 1.000 € und möchte diese steuerlich geltend machen. Er verwendet die Wirtschaftsgüter zum Teil zur Erzielung von Gewinneinkünften, zum Teil für Überschusseinkünfte. Was kann er tun und welche Voraussetzungen sind zu beachten?

Bei der Anschaffung von Wirtschaftsgütern entsteht kein Aufwand, da der K im Ergebnis keine Vermögensminderung erfahren hat. Den Wert, den er vor der Anschaffung in Geld hatte, hat er nun als gleichwertiges Wirtschaftsgut. Aufwand entsteht ihm damit erst durch Abnutzung. Die Abschreibung eröffnet K die Möglichkeit der Verteilung des Aufwandes über die Nutzungsdauer des Wirtschaftsgutes.

Die Abschreibung gilt für alle Einkunftsarten unabhängig von der Methode der Gewinnermittlung, also sowohl für K's Gewinn – als auch für seine Überschusseinkünfte (über § 9 Abs. 1 Satz 3 Nr. 7).

Für die Anwendbarkeit der AfA sind insbesondere folgende Voraussetzungen zu beachten:

▶ Das abzuschreibende Wirtschaftsgut muss zur Erzielung von Einkünften genutzt werden. Wird es lediglich unentgeltlich überlassen (auch anteilig § 21 Abs. 2), ist AfA nicht möglich.

▶ Das Wirtschaftsgut muss der Abnutzung unterliegen. Dies ist beim Umlaufvermögen (zur Weiterveräußerung bestimmte Waren etc.) nicht der Fall.

▶ Das Wirtschaftsgut muss abnutzbar sein (Gebäude, Maschinen etc). Wenn es weder technisch, noch wirtschaftlich verbrauchbar ist

(Grund und Boden, Finanzanlagen, Kunstgegenstände anerkannter Meister etc), ist es nicht abnutzbar.

▶ Der wirtschaftliche Eigentümer muss die Einkünfte selbst erzielen (Absetzungsberechtigung), ansonsten liegt Drittaufwand vor.

Die AfA beginnt mit Anschaffung bzw. Herstellung (§ 9 EStDV), nicht mit Zahlung oder Nutzung.

▶ Anschaffung ist dabei die Lieferung, bei Gebäuden der Übergang von Besitz, Nutzen und Lasten

▶ Herstellung ist die Fertigstellung.

Zu beachten ist, dass im ersten Jahr die AfA nur zeitanteilig (pro rata temporis) gewährt wird (§ 7 Abs. 1 Satz 4), somit $1/12$ der Jahres-AfA pro Monat.

Die lineare AfA

Fall 78

K hat sich am Jahresanfang für 10.000 € eine Maschine gekauft, die er gewöhnlich über zehn Jahre nutzen kann. Wie wird er diese abschreiben?

Er wird die Maschine gemäß § 7 Abs. 1 Satz 1 linear abschreiben, wobei die Anschaffungs- (AK) oder Herstellungskosten (HK) gleichmäßig auf die Nutzungsdauer verteilt werden.

$$\frac{\text{AK/HK (10.000 €)}}{\text{ND (10 Jahre)}} = \text{AfA 1.000 € pro Jahr}$$

Die betriebsgewöhnliche Nutzungsdauer ist die voraussichtliche technische und wirtschaftliche Nutzungsdauer des Wirtschaftsgutes. Fallen technische und wirtschaftliche Lebensdauer auseinander, ist die jeweils kürzere Nutzungsdauer maßgeblich.

In der Klausur ist die Nutzungsdauer grds. angegeben.
In der Praxis finden Sie die Nutzungsdauer in den amtlichen AfA-Tabellen.

Für den Geschäfts- oder Firmenwert bestimmt § 7 Abs. 1 Satz 3 eine Nutzungsdauer von 15 Jahren.

Übergang von der degressiven auf die lineare Afa.

Fall 79

K hat eine in 10 erworbene Maschine, als dies noch steuerrechtlich nach § 7 Abs. 2 noch zulässig war, degressiv in fallenden Jahresbeträgen abgeschrieben. Der Restwert zum 31.12.17 beträgt 593 €. Die Restnutzungsdauer der Maschine beträgt vier Jahre. In 18 möchte er nun auf die lineare AfA umsteigen, da er hierdurch höhere Abschreibungsbeträge zur Verfügung hat. Ist das möglich?

Der Übergang von der degressiven zur linearen AfA ist zulässig (§ 7 Abs. 3)

In diesem Fall berechnet sich die lineare AfA vom Zeitpunkt des Überganges an

▶ nach dem dann noch vorhandenen Restwert

▶ und der Restnutzungsdauer des einzelnen Wirtschaftsgutes.

Die lineare Rest-AfA für K's Maschine berechnet sich somit wie folgt:

$$\frac{\text{Restwert 31.12.06: 593 €}}{\text{RestND (4 Jahre)}} = \text{AfA 148,25 € pro Jahr}$$

K kann damit die restlichen vier Jahre seine Maschine mit jährlich 148,25 € abschreiben.

Die Leistungs-AfA

Fall 80

K hat eine Maschine, die aufgrund ihrer Leistung einem Verschleiß unterliegt, welcher mit den Werten der betriebsgewöhnlichen Nutzungsdauer nicht übereinstimmt. Was kann er tun?

Er hat die Möglichkeit, die Maschine nach Maßgabe der Leistung abzuschreiben (§ 7 Abs. 1 Satz 6), da folgende Kriterien erfüllt sind:

▶ Die Maschine ist ein bewegliches Wirtschaftsgut

▶ des Anlagevermögens

▶ die AfA-Form ist wirtschaftlich begründet, da sich das Wirtschaftsgut (Maschine) leistungsbezogen abnutzt.

Die Absetzung für außergewöhnliche Abnutzung (AfaA)

Fall 81
Einige von K's Wirtschaftsgütern sind entweder beschädigt oder technisch veraltert. Muss er die bisher angesetzte AfA fortführen oder hat er die Möglichkeit, diesbezüglich eine Anpassung vorzunehmen?

§ 7 Abs. 1 Satz 7 ermöglicht unter folgenden Voraussetzungen eine Absetzung für außergewöhnliche Abnutzung:

Vorliegen einer außerplanmäßigen

▶ technischen Abnutzung: mechanische Einwirkung auf das Wirtschaftsgut (z.B. durch Band, Sturm, Unfallschäden) oder

▶ wirtschaftlichen Abnutzung: Wirtschaftlichkeit der Verwendung vermindert (z.B. technische Neuentwicklung zwingt zur Neuanschaffung).

Als Rechtsfolge der AfaA wird die Restnutzungsdauer auf eine noch vorhandene Restnutzungszeit verkürzt. Gibt es keine Restnutzungszeit, erfolgt AfaA in Höhe des Restwertes.

Die lineare Gebäude AfA

 Fall 82
K hat Gebäude von unterschiedlichen Baujahren, die er zum Teil betrieblich nutzt und zum Teil zu Wohnzwecken vermietet. Von Ihnen möchte

er gerne wissen, welche Abschreibungsmethoden ihm laut Gesetz offen stehen?

Für Gebäude gibt es Sonderregelungen im EStG.

Die lineare Gebäude-AfA ist in § 7 Abs. 4 geregelt:

▶ für Gebäude, die zu einem Betriebsvermögen gehören und nicht Wohnzwecken dienen und für die der Bauantrag nach dem 31.03.1985 gestellt wurde, gilt ein AfA-Satz von 3 % (§ 7 Abs. 4 Satz 1 Nr. 1)

▶ für andere Gebäude gilt, wenn sie

nach 1924 fertig gestellt wurden, ein AfA-Satz von 2 % (§ 7 Abs. 4 Satz 1 Nr. 2a).

Sofortabschreibung und Poolabschreibung

Fall 83

K, der Gewinneinkünfte erzielt, hat in 01 einen Kopierer für netto 250 € sowie einen Laptop für netto 1.000 € gekauft und sich vom Schreiner ein Bücherregal für netto 800 € anfertigen lassen. Ferner verwendet er eine bisher privat genutzte Schreibtischlampe mit einem Einlagewert (Teilwert) von 251 € nunmehr für seinen betrieblichen Schreibtisch. Er möchte die Aufwendungen hierfür schnellstmöglich absetzen. Was schreibt das Gesetz hierfür vor?

Bei Kopierer, Laptop, Bücherregal und Schreibtischlampe handelt es sich um bewegliche und selbständig nutzbare Anlagegüter, deren Nettowerte jeweils 1.000 € nicht übersteigen. Es ist damit wie folgt zu differenzieren:

▶ Die Anschaffungskosten für den Kopierer übersteigen nicht 250 € netto, sodass K diese

  • nach § 7 Abs. 1 oder 2 abschreiben kann

- in voller Höhe im Jahr der Anschaffung (01) als Betriebsausgaben absetzen kann (Sofortabschreibung) (§ 6 Abs. 2a Satz 4). Da die Anschaffungskosten unter 250 € netto liegen, muss der Kopierer nicht in ein besonderes Verzeichnis aufgenommen werden (Umkehrschluss aus § 6 Abs. 2 Sätze 4 und 5).

▶ Die Anschaffungskosten für das Bücherregal übersteigen nicht 800 € netto. K hat deshalb die Wahl:

- Abschreibung nach § 7 Abs. 1 oder 2

- Sofortabschreibung in 01 (§ 6 Abs. 2 Satz 1).

- Er kann sie in einem jahresbezogenen Sammelposten für „Wirtschaftsgüter größer 250 € bis 1.000 €" zusammenfassen und gleichmäßig auf fünf Jahre verteilen (Poolabschreibung) (§ 6 Abs. 2a Sätze 1 und 2).

Dasselbe gilt auch für den Teilwert (Einlagewert) der Schreibtischlampe von 251 €.

▶ Hinsichtlich der 1.000 € Anschaffungskosten für den Laptop hat er folgende Wahlmöglichkeit:

- Abschreibung nach § 7 Abs. 1 oder 2

- Poolabschreibung (§ 6 Abs. 2a Sätze 1 und 2).

Und was ist, fragt sich K, wenn er in 03 ein Wirtschaftsgut aus dem Sammelposten verkauft?

Der Erlös ist in 03 Betriebseinnahme, es findet jedoch in 03 kein Anlagenabgang aus dem Sammelposten 01 statt (§ 6 Abs. 2a Satz 3).

Fall 84

U, der Überschusseinkünfte erzielt, fragt sich, ob er auch das neue Verfahren mit den Sammelposten und der Poolabschreibung anwenden kann. Er hat in 01 die gleichen Wirtschaftsgüter wie K seinem Unternehmen zugeführt. Wo steht die Lösung im Gesetz?

Bei **Überschusseinkünften** besteht ein **Wahlrecht** bei **geringwertigen Wirtschaftsgütern** mit Anschaffungs- und Herstellungskosten **bis 800 € netto** (§ 9 Abs. 1 Satz 3 Nr. 7 Satz 2).

Das bedeutet, dass U bei Kopierer (250 € netto), Schreibtischlampe (251 € netto) und Bücherregal (800 € netto) die Wahl hat zwischen

– Abschreibung nach § 7 Abs. 1 oder 2

– Sofortabschreibung.

Den Laptop (1.000 € netto) muss er hingegen über seine Nutzungsdauer linear oder degressiv abschreiben.

Die **Poolabschreibung** gilt **nicht** für Überschusseinkünfte, da § 9 nicht auf § 6 Abs. 2a verweist.

Über die Abschreibungen im Steuerrecht nun eine **Übersicht**.

Aber **Achtung:** *Die Abschreibungsbeträge werden, entsprechend der finanziellen und politischen Lage, vom Gesetzgeber immer wieder angepasst. Hier empfiehlt sich bei der Fallbearbeitung deshalb immer ein Blick ins Gesetz, damit Sie die aktuellen Werte haben.*

Übersicht 18: Abschreibungen im Steuerrecht

AfA-Art	Kriterium/Methode	Norm
lineare AfA	Betriebsgewöhnliche Nutzungsdauer	§ 7 Abs. 1
degressive AfA	der Übergang zur linearen AfA ist zulässig	§ 7 Abs. 3
Leistungs-AfA	leistungsbezogen	§ 7 Abs. 1 Satz 6
Absetzung für außergewöhnliche Abnutzung (AfAA)	Restnutzungsdauer	§ 7 Abs. 1 Satz 7
Lineare Gebäude-AfA	Betriebsvermögen, keine Wohnzwecke, Bauantrag nach 31.3.1985 jährlich 3 %	§ 7 Abs. 4 Satz 1 Nr. 1
	sonstige nach 31.12.1924 fertig gestellt jährlich 2 %	§ 7 Abs. 4 Satz 1 Nr. 2a
Zusätzliche Wahlrechte bei GWG:		
bei **Gewinneinkünften** (§ 2 Abs. 2 Satz 1 Nr. 1)	0 € – 800 € netto Sofortabschreibung	§ 6 Abs. 2
	250,01 € – 1.000 € netto Sammelposten mit Poolabschreibung	§ 6 Abs. 2a
bei **Überschusseinkünften** (§ 2 Abs. 2 Satz 1 Nr. 2)	0 € – 800 € netto Sofortabschreibung/lineare AfA (Wahlrecht)	§ 9 Abs. 1 Satz 3 Nr. 7 Satz 2

Ein letzter – prüfungsentscheidender – Fall

▰▰▰ Fall 85
Gärtner G hat den Auftrag, für einen Garten Rasen auszusäen.

Nach der ersten Aussaat wachsen zwar schon einige Grashalme, der Rasen ist jedoch noch ziemlich dünn und lückenhaft, zum Teil kommt wegen der noch schwachen Wurzeln auch wieder die Erde durch.

Nach der zweiten Aussaat wächst der Rasen schon wesentlich intensiver, er deckt die Erde nunmehr annähernd lückenlos und ist auch wesentlich besser verwurzelt. Was sagt Ihnen das?

Wiederholung festigt das Wissen und beseitigt Lücken.

Beim nochmaligen Durcharbeiten des Buches werden Sie merken, dass Sie bereits einiges an Wissen angesammelt haben und Sie werden zu manchen Punkten den „Aha-Effekt" haben. Und das Wissen bleibt Ihnen viel länger erhalten.

Und bei weiteren Wiederholungen werden Sie merken, dass Sie viele Gebiete nur noch anhand der „blauen" Stichwörter überfliegen brauchen und lediglich bei Unklarheiten nochmals „tiefer" einsteigen müssen – so wie der Gärtner G, der zur Abrundung des Gesamtwerkes einige wenige Lücken schließt.

„Ein Blick ins Gesetz erleichtert die Rechtsfindung". Dies gilt auch für das EStG. Das Nachlesen der zitierten Vorschriften ist daher unabdingbar, wenn man einen bleibenden Lerneffekt haben möchte. Nur dann ist es möglich, im „Ernstfall" der Prüfung die Normen schnell aufzufinden und mit ihnen zu arbeiten.

Zu beachten ist auch, dass die in diesem Buch und im Gesetz genannten Euro-Beträge, entsprechend der finanziellen und politischen Lage, vom Gesetzgeber immer wieder angepasst werden. Hier empfiehlt sich bei der Fallbearbeitung deshalb immer ein Blick ins Gesetz, damit Sie die aktuellen Werte verwenden.

Sachregister

A

Abgeltungsteuer	54
Absetzungen für Abnutzung (AfA)	124
– Absetzungen für außergewöhnliche Abnutzung (AfaA)	127, 131
– degressive AfA	126, 132
– GWG-AfA	128, 131
– Leistungs-AfA	126, 131
– lineare AfA	125, 132
– lineare Gebäude AfA	127, 131
Alterseinkünfte	62, 68
Anlagevermögen	87, 92, 107, 113, 116
Anschaffungskosten	49, 70, 84, 102, 108, 114, 122, 128
Arbeitnehmer	11, 19, 52, 95, 100, 111
Arbeitszimmer	94
Ausbildungskosten	27
Außergewöhnliche Belastungen	11, 14, 25, 35, 41

B

Betriebsaufspaltung	69, 80
Betriebsausgaben	19, 27, 41, 57, 72, 91, 98, 108, 128
Betriebseinnahmen	90, 98, 107
Betriebsveräußerung	45
Betriebsvermögen	15, 19, 45, 57, 61, 64, 71, 77, 82, 86, 90, 95, 105, 114, 128
Betriebsvermögensvergleich	85, 89, 105
Bewertung	112, 116, 120
Bilanz	75, 85, 89, 93, 105, 112, 116
Bilanzierung	85, 97, 106, 114

D

Drei-Objekt-Grenze	69

E

Ehegatten	23, 33, 37, 54, 82, 110
Eigenkapital	48, 87, 113
Eingetragene Lebenspartnerschaften	35
Einkünfte	
– aus Gewerbebetrieb	10, 15, 21, 45, 49, 69, 73, 77, 105
– aus Kapitalvermögen	15, 53, 57, 74, 79
– aus Land- und Forstwirtschaft	13, 44, 50, 57, 85
– aus nichtselbständiger Arbeit	13, 52, 106
– aus selbständiger Arbeit	13, 44, 50
– aus sonstigen Leistungen	62, 67
– aus Vermietung und Verpachtung	13, 21, 52, 61, 76, 80
– Gewinneinkünfte	15, 44, 83, 99, 105, 124, 130
– sonstige Einkünfte	13, 62, 99, 106
– Überschusseinkünfte	15, 52, 99, 106, 124, 129
Einkünfteerzielungsabsicht	15
Einlagen	87, 92, 98, 116, 120
Einnahmenüberschussrechnung	85, 97, 106
Entfernungspauschale	96, 103
Entnahmen	87, 92, 98, 116, 120
Erbfall	69, 82, 115
Erhaltungsaufwand	121

F

Finanzierungskosten 114
Fortbildungskosten 27
Freibeträge 10, 14, 20, 32, 77

G

Gemischte Aufwendungen 108
Gewerbesteueranrechnung 46
Gewerblicher
  Grundstückshandel 69
Gewinnermittlung
  44, 48, 85, 97, 124
gewöhnlicher Aufenthalt 9, 12
Günstigerprüfung 54, 58

H

Herstellungskosten
  66, 93, 115, 119, 125, 130
Höchstbetrag 18, 26, 103

K

Kinder 19, 25, 29, 41, 110
– Kinderfreibetrag 14, 29, 35
– Kindergeld 6, 29

L

Lebenspartnerschaften 35
Liebhaberei 15, 45
Lohnsteuer 5, 14, 52, 101, 111

M

Markteinkommen 15
Mitunternehmerschaft 47, 60, 76

P

Pauschbeträge,
  Pauschalen 10, 26, 30, 96, 100
Personengesellschaften
  7, 69, 75, 79
Private KFZ-Nutzung 95, 103, 118

Private Veräußerungsgeschäfte
  21, 62, 66
Privatvermögen
  15, 48, 53, 58, 64, 68, 73, 80, 87
Progressionsvorbehalt 17, 39

R

Realisationsprinzip 105
Realsplitting 25, 63
Rechnungsabgrenzungs-
  posten 113
Rückstellungen 113, 118

S

Schuldzinsen 62, 92, 115
Sonderausgaben
  11, 14, 25, 32, 36, 41, 63, 92
Spenden 14, 26, 43
Steuerbefreiungen 13, 17
Steuerermäßigungen 6, 33, 40
Steuerpflicht 6, 10, 14
– beschränkte Steuerpflicht 10
– unbeschränkte Steuerpflicht 7
Steuersubjekt 7, 12, 75
Stille Reserven 105, 119

T

Tarif 6, 14, 28, 33, 39
– Betrogenensplitting 37
– Grundtarif 34, 38
– Splittingtarif,
  Splittingverfahren 38
– Verwitwetensplitting 38
Teileinkünfteverfahren,
  17, 48, 56, 61, 73
Teilwert 114, 118, 129
Totalgewinngleichheit 98

U

Überschussermittlung 99
Umlaufvermögen
  87, 113, 117, 124
Unverheiratete 33, 38

V

Veranlagung 6, 11, 33
- Einzelveranlagung 35
- Zusammenveranlagung
  8, 31, 37
- Veranlagungszeitraum 21, 24, 33, 37, 54, 66, 100
Veräußerung von
  Anteilen an
  Kapitalgesellschaften 45, 50, 59
Verbindlichkeiten 113, 117
Verdeckte
  Gewinnausschüttung 69, 73
Verlustausgleich 21, 24
horizontaler
  Verlustausgleich 21
vertikaler
  Verlustausgleich 21
Verlustrücktrag 23
Verlustvortrag 23
Verträge unter
  Angehörigen 105, 110
Vorsorgeaufwendungen 25

W

Wiederkehrende Bezüge 62
Wirtschaftsgut 64, 81, 87, 112, 116, 121, 125, 129
Wohnsitz 8, 12

Z

Zuflussprinzip 105

leicht gemacht ®

Abgabenordnung – *leicht gemacht* ®

Abgabenordnung und Finanzgerichtsordnung für Praktiker und Studierende an Universitäten, Hochschulen und Berufsakademien
von Rechtsanwältin, Fachanwältin für Steuerrecht Annette Warsönke

Die Abgabenordnung stellt die Spielregeln im Finanzverfahren auf und hat als „Grundgesetz des Steuerrechts" Einfluss auf alle Steuergesetze. Aus dem Inhalt:

- Steuerverwaltungsakte, Rechtsbehelfsverfahren
- steuerliche Nebenleistungen, Verfahrensgrundsätze
- Fristberechnung, Verjährung, Haftung
- Außenprüfung, Steuerstrafrecht, Vollstreckung

Das Buch gibt in leicht verständlicher und bewährt fallorientierter Weise einen Überblick über Systematik und Grundlagen dieses Rechtsgebietes.

Körperschaftsteuer – *leicht gemacht* ®

Das KStG: Übersichtlich – kurzweilig – einprägsam
von Rechtsanwältin, Fachanwältin für Steuerrecht Annette Warsönke

Dieses Lehrbuch vermittelt in leicht verständlicher und bewährt fallorientierter Weise Grundlagen und Systematik der Körperschaftsteuer. Aus dem Inhalt:

- Steuerermittlung und Steuerbefreiungen
- Gewinnausschüttungen, Einlagen und Aufwendungen
- Beteiligungen, Verlustabzüge und Zinserträge
- Organschaft und Liquidation

Der schnelle Zugang zur Einkommensbesteuerung von Körperschaften, Personenvereinigungen und Vermögensmassen.

Ihr Plus: Mit 12 Leitsätzen und 14 Übersichten.

leicht gemacht ®

Umsatzsteuer / Mehrwertsteuer – *leicht gemacht* ®

Eine Darstellung der Zwei-Namen-Steuer für Studierende und Praktiker

von Steuerberater und Betriebswirt Stefan Mücke

Ein erfahrener Steuerberater steht Ihnen zur Seite. Aus dem Inhalt:

- Leistung und Lieferung
- Unternehmerstatus und Vorsteuerabzug
- Steuersatz und Steuerfreie Umsätze
- Inland und Export

Eine fallorientierte Erläuterung von System und Umsetzung mit konkreten Hinweisen zur Handhabung.

Ihr Plus: 49 Leitsätze und 35 Übersichten.

Gewerbesteuer – *leicht gemacht* ®

Übersichtlich – kurzweilig – einprägsam

von Rechtsanwältin und Betriebswirtin Kerstin Schober

Das vorliegende Buch erläutert in unterhaltsamer Form das Gewerbesteuergesetz und seine Anwendung. Aus dem Inhalt:

- Ermittlung der Bemessungsgrundlage
- Hinzurechnungen und Kürzungen
- Interessante Verlustnutzungen
- Ermittlung der Steuerbelastungen
- Sonderfälle und Abgrenzungsfragen

Die umfassende Darstellung, eine verständliche Sprache sowie viele praktische Fälle machen dieses Lehrbuch zu einer unerlässlichen Hilfe in Studium und Praxis.

leicht gemacht ®

Körperschaftsteuer – *leicht gemacht* ®
Das KStG: Übersichtlich – kurzweilig – einprägsam
von Rechtsanwältin, Fachanwältin für Steuerrecht Annette Warsönke

Dieses Lehrbuch vermittelt in leicht verständlicher und bewährt fallorientierter Weise Grundlagen und Systematik der Körperschaftsteuer. Aus dem Inhalt:
- Steuerermittlung und Steuerbefreiungen
- Gewinnausschüttungen, Einlagen und Aufwendungen
- Beteiligungen, Verlustabzüge und Zinserträge
- Organschaft und Liquidation

Der schnelle Zugang zur Einkommensbesteuerung von Körperschaften, Personenvereinigungen und Vermögensmassen.

Ihr Plus: Mit 12 Leitsätzen und 14 Übersichten.

Steuerrecht – *leicht gemacht* ®
Eine Einführung nicht nur für Studierende an Universitäten, Hochschulen und Berufsakademien
von Professor Dr. Stephan Kudert

Ein erfahrener Universitätsprofessor vermittelt dieses verständlich und fallorientiert. Aus dem Inhalt:
- Einkommensteuer
- Körperschaftsteuer
- Gewerbesteuer
- Umsatzsteuer
- Internationale Bezüge

Die kurze und präzise Erläuterung der Grundzüge. Eine unerlässliche Lernhilfe für die Steuerklausur sowie Beistand in Beruf und Alltag.

Blaue Serie

Kudert
Steuerrecht – leicht gemacht
Das deutsche Steuerrecht

Kudert
Int. Steuerrecht – leicht gemacht
Grenzüberschreitende Aktivitäten

Warsönke
Einkommensteuer – leicht gemacht
Das EStG-Lehrbuch

Mücke
Umsatzsteuer/Mehrwertsteuer – leicht gemacht
Für Studierende und Praktiker

Schober
Gewerbesteuer – leicht gemacht
Systematisch – präzise – verständlich

Drobeck
Erbschaftsteuer – leicht gemacht
Erbschaft- und Schenkungsteuer

Warsönke
Abgabenordnung – leicht gemacht
Das ganze Steuerverfahren

Warsönke
Körperschaftsteuer – leicht gemacht
Die Besteuerung juristischer Personen

Schinkel
EÜR – leicht gemacht
Einnahme-Überschuss-Rechnung

Warsönke
Steuerstrafrecht – leicht gemacht
Verstoß, Verfolgung, Verteidigung

Schinkel
Klausuren im Steuerrecht – leicht gemacht
Techniken und Methoden

Schinkel
Die Besteuerung der GmbH – leicht gemacht
Das GmbH-Steuerlehrbuch

Drobeck
Die Besteuerung der Personengesellschaften – leicht gemacht
GbR, OHG, KG, Gesellschafter ...

Möller
Die Besteuerung von Kapitalanlagen – leicht gemacht
Zinsen, Aktien, Fondserträge ...

Schober
Die Steuer der Immobilien – leicht gemacht
Anschaffen, Vermieten, Veräußern ...

Mutscher/Benecke
Die Besteuerung von Umwandlungen – leicht gemacht
Das Umwandlungssteuergesetz

Kudert/Sorg
Steuerbilanz – leicht gemacht
Die steuerlichen Grundsätze

Kudert/Sorg
Rechnungswesen – leicht gemacht
Buchführung und Bilanz

Kudert/Sorg
Übungsbuch Rechnungswesen – leicht gemacht
Lernziele, Übungen, Lösungen

Kudert/Sorg
Kostenrechnung – leicht gemacht
Kosten- und Leistungsrechnung

Kudert/Sorg
IFRS – leicht gemacht
Int. Financial Reporting Standards

In regelmäßigen Neuauflagen
www.leicht-gemacht.de